個人営業・
法人営業の
両方で
No.1

# 一生使える「営業トーク」

SKILL OF BUSINESS TALKS

山本幸美
株式会社プラウド代表取締役社長

大和出版

# はじめに
# 「営業トーク力」があれば、驚くほど数字は伸びる！

「忙しいので、極力会わずにメールでお客様とやりとりができればいいのに……」

営業研修や講演などを通じて、このように悩んでいる営業マンの方に出会います。

以前は、どちらかといえば話すことに自信がない営業マンが、このような悩みを抱えていたものです。

ところが昨今、ＩＴ化やワークライフバランス施策が進み、効率的な営業活動が叫ばれるようになったせいか、普通の営業マンでさえ、「極力会わない営業」「なるべくメールですませる営業」を志向する傾向が強くなってきたように思います。

では、お客様と直接話さずに、効率よく営業成績を上げることなどできるのでしょうか？

答えは「ＮＯ」です。

むしろ、こんな時代だからこそ、お客様は「営業マンと直接会って相談にのってほしい」「話を聞いてほしい」と感じるようになっています。

そして、何よりもこのモノあまりの時代、「だれが担当者なのか？」ということに重きを置く傾向が顕著になり、営業マンの人としての魅力をお客様は求めるようになりました。

**その関門をクリアするために必要な武器は、ズバリ「営業トーク力」です。**

逆にいえば、営業トーク力が乏しければ、お客様から「杓子定規で、だれにでも通用する事務的な対応だ」「社内の人と接するような、失礼な物言いや対応を受けた」と思われかねません。

つまり、こんな時代だからこそ、たしかな営業トーク力が、お客様の信頼を引き寄せるのです。

とはいえ、営業は現場主義。

丁寧に、営業トークのイロハを教えてもらえることは、ほぼないでしょう。

かくいう私自身、上司や先輩から営業トークを教えてもらう機会など、ほとんどありませんでした。

さらには、私は口下手で人見知り。

いろいろな人から「営業に向かない」といわれた私でしたが、失敗や挫折を繰り返しながら手に入れた営業トークを実践することで、徐々に営業成績が向上し、気がつけば

4000人中1位や数々のMVPなどの成績を収めるまでになることができました。

そして、そうして身につけた営業トークは、仕事だけでなく、プライベートでの人生の好転にも大きな影響を及ぼしてくれたのです。

さて、私は現在、さまざまな研修を行っているのですが、営業トークの研修を受講してくださったある受講生の方は、研修後に涙ながらにこう話してくれました。

「私がこれまで営業に強いストレスを感じていたのは、営業に向いていないからではなく、営業トークが原因だったということに気がつき、肩の荷が下りました。明日から、学んだことを活かして頑張れそうです」

彼女に限らず、私は受講生の方からたくさんのお声をいただき、毎日、勇気をもらっています。

その一部をご紹介しましょう。

- **「先生の研修を受けて、人生が変わりました。これまで自信がもてなかった営業トーク力を身につけたことで、仕事のみならずプライベートでもよいことがたくさん起こりました！」（銀行渉外営業）**

●「営業トークは、お客様はもちろん、社内でも私生活でも大いに役立つのだと実感しました。毎日のストレスから解放されて、いまは営業がとても楽しいです」（不動産営業）

●「営業トークを磨くことで、クロージングもラクになり、営業成績が2倍以上に伸びました！　おかげさまで、年収もアップしました！」（生命保険営業）

●「学んだ営業トークを実践することで、いままで取引がかなわなかったお客様との契約にも成功しました！　実績を買われ、4年目で営業リーダーに任命されました」（広告営業）

●「1年近く成果が出ず悩んでいたのですが、お客様から高額注文をいただきました！　しかも、そのお客様から紹介もいただきました」（機械メーカー営業）

この本では、私の営業としての経験や、数々のトップ営業の皆さんと出会うなかで知りえた選りすぐりのトークをステップごとに公開しています。

あなたも、ぜひこの本を通して、**「お客様と会うのが楽しい！」**と感じられる素敵な営業マンになってください。

株式会社プラウド　代表取締役社長　山本幸美

個人営業・法人営業の両方でNo.1

# 一生使える「営業トーク」

目次

## 第1章

# これだけは必ず押さえておきたい！
## ――営業トークの基本の基本

# 第2章 こうすれば スムーズにお客様と会える!

## ——アポとりトーク

第3章

# お客様との「心の壁」がなくなる！
## ——アイスブレイク・雑談トーク

## 第4章 困った状況が一瞬でチャンスに変わる!
### ——転換トーク

第5章

# 驚くほど「ヒアリング」「プレゼン」がうまくいく！

## ――商談トーク

第6章

# 必ず「次」につながる、展望が大きく開ける！
## ――別れ際トーク

## 第7章

# お客様に心から納得してもらえる！
## ――クロージングトーク

第8章

# お客様からの信頼感がグンとアップする！
## ――アフターサービストーク

## 第9章

# いつの間にか「ファン」になってもらえる！

## ――クレーム対応トーク

第10章

# 「売れ続ける営業」は皆、やっている！

## ――社内の人を味方につけるトーク



本文デザイン／村﨑和寿（murasaki design）

第1章

# これだけは必ず押さえておきたい！

## ――営業トークの基本の基本

茶道や武道において、修業における段階を示した言葉に「守・破・離」というものがあります。

じつは、営業トークにも「守・破・離」があります。

トップ営業に変わるファーストステップは「守」をしっかり身につけること。

この章に書かれている「営業トークの基本の基本」をマスターすれば、どんなお客様とも円滑な会話ができ、信頼される営業マンの土台づくりができることでしょう。

一生使える
1
# 買う気ゼロを〝アリ〟に変えることは十分に可能

営業マンというのは日々、何かと忙しくしているものです。

したがって、**「なかなか自分の営業トークを見つめる時間がない」**というのが実情でしょう。

社内にいれば、上司や先輩から、「いまの話し方はまずいね」「もっとこうしたら？」などと教えてもらえる機会があるかもしれません。

ところが、営業マンの相手は、１００％お客様です。

そこに上司が同席しているなどということも、2～3年目以降になると、ほとんどなくなります。

つまり、お客様があなたの営業トークを聞いて「あれ、おかしいな？」と疑問に感じたとしても、あえて指摘するケースはめったにない、ということ。

きちんとできてさえいれば武器になるはずの営業トークが、気づかないうちにウィークポイントに変わってしまうなどという危険性をはらんでいるのです。

過去の私を含めて「売れない営業」というのは、「お客がお金をもってないから買ってくれない」「商品・サービスが悪いから売れない」「景気が悪いから売れない」などといった具合に、売れない原因を自分以外のものにしてしまっているもの。

たしかに、そういったことが原因で売れないこともあるでしょう。

**しかし、私の経験上、売れない原因の大半は営業マン自身、なかでも「営業トーク」の未熟さにあるといっても過言ではありません。**

実際のところ、「売れない営業」はトークが未熟であることが原因で、お客様との人間関係をうまく築けず、結果として売れないということを繰り返しています。

裏を返せば、**ふだんの営業トークを見つめ直し、よくないところがあれば改善する、ということをしていくだけで、事態はガラリと変わるということです。**

ぜひ、あなたも自分自身の営業トークをあらためて見直してみてください。

きっと、「ああ、こんな話し方をしているから、お客様から敬遠されてしまうのだな」「あれ、いつの間にか売り込みのトークになっている」など、新たな発見があるはずです。

そう、確率ゼロをアリに変えるためには、自分以外のところに原因を探すよりも、日々の営業トークを正しいものにしていくほうが、はるかに近道なのです。

一生使える 2

# 声のトーンにバリエーションをつけよう

営業を始めたばかりの頃、**「山本は、地声だけで話しすぎる」**と指摘され、自分の声を録音して聞いてみたことがありました。

とてもショックでした。

いまでこそ研修で「メリハリがきいていて、とても聞きやすい」とお褒めの言葉をいただくものの、当時の私の声は、「地声ばかりが続き、盛り上がりに欠ける」「透明感のないざらざらした魅力のない声」と思われてもしかたがないものでした。

地声の1種類だけで話し続けていると、単調で、棒読みのように聞こえ、大事なポイントが伝わりにくくなってしまいます。

退屈さも相まって、話自体も長く感じさせてしまいますよね。

まさに営業マンとして致命的。

それなのに、私に限らず、多くの営業マンは、自分の声に無頓着な人が多いのではないでしょうか？

**営業のシーンでは、ストーリーを感じさせる臨場感、つまりリアリティ感が重要です。**

そして、その臨場感を生み出すには、「声の高低」「話すスピード」「声の強弱」を調整することが必須となります。

**具体的には、高いキーと低いキーを上手に使い分けるのです。**

たとえば私の場合、挨拶やアイスブレイクでは、ふだんよりテンポを速くし、かつ高めのキーで話します。

逆にプレゼンテーションなどは、キーを下げて、落ち着いた、少しゆっくりで低めの声を使って話します。

また、強調したいところでは、さらにゆっくりと大きな声で話すと、相手に伝えたいポイントをより明確にすることができます。

まずは、「アー、アー」と声を出しながら、自分自身の高いキー、1オクターブ下げたキーを発見してみましょう（スマホに録音してみることをおすすめします）。

「この営業マンの話は退屈だ」「聞きづらい声だ」と思われないためにも、声のトーンにバリエーションをつけることは本当に大切です。

お客様にとって、爽やかで、聞き心地がいい声を目指しましょう。

一生使える

3

# 滑舌をよくするちょっとしたコツ

舌がもつれたり、トークの切れが悪いと、元気がない不健康な印象はもちろんのこと、営業マンへの印象も悪くなりますから、損をする場面が増えます。

そこで、営業マンとして滑舌の悪さを改善するための方法をご紹介しましょう。

**★十分な睡眠をとる**

寝不足のときは、必ず滑舌が悪くなります。疲れているときも同じです。つまり、営業マンなら大事な商談のときほど、前日の夜遅くまで外で飲み歩くようなことは控えたほうがいいということです。これは家でお酒を飲む場合でも同様です。

**★口のなかを乾燥させない**

口のなかが乾燥すると、滑舌が悪くなることがあります。そうした事態を招かないためにも、水やお茶など、こまめに水分補給をしましょう。

**★リップクリームや保湿クリームを塗る**

「売れる営業」の多くは、リップクリームを常備しています。

さらには男性のなかにも、保湿クリームを顔に塗ったりする人もいます。とくに空気が乾燥するシーズンでは、肌が突っ張ってしまうもの。滑舌をよくするためにも、口の周りの皮ふの動きをよくし、口の周りが切れたりしないように、こまめにケアをしましょう。

### ★少し意識して口を大きく開けて話す

口を開けて話すのは当たり前のことだと感じるかもしれませんが、意外とできていない人が多いので注意が必要です。声がこもったり、舌を活発に動かせないために滑舌が悪く聞こえてしまうことのないよう、口を大きく開くことを意識しましょう。

### ★舌の運動をする

毎日たったの1分でいいので、風呂上がりに舌を出して上下左右に動かし、回す舌運動をしましょう。こうすることで、自然と表情筋が鍛えられます。

以上、ささいなことではありますが、トップ営業はこうした努力を欠かしません。ぜひ参考にしてみてくださいね。

一生使える 4

# 「知的なフレーズ」がお客様の心を動かす

いつもラフな感じで話すお客様がいます。そんなお客様のノリに合わせて、ついトークがルーズになってしまうことはないでしょうか?

たとえば、こんな感じです。

お客様 「先日のアドバイスをもとに、ここまで作成してみたんだけどさ、どう思う?」

営　業 「(興奮気味に)それ、マジですごいっすね!」

営業とは、金銭が絡んでくる仕事です。そのため、営業マンには「品」や教養が欠かせません。そして、それをトークで示すことができれば、自ずとワンランク上の営業マンになれます。

ご安心ください。ちょっとした一言を入れることで、トークがガラリと変わるのです。

**【知的さをアップさせるトーク例】**

- 「新たなお取り組みもご成功されて、まさに『完全無欠』ですね！」
- 「『七転び八起き』の精神で、日々営業に取り組んでおります！」
- 「重役にご昇格されて『前途洋洋』ですね！」
- 「○○様はいつも『品行方正』で、私も見習わなければと思っております」
- 「○○様の『勇猛果敢』な姿勢には、いつも勇気をいただきます！」
- 「『来年のことをいうと鬼が笑う』といいますが、今年は○○様とお出会いできて本当によかったです。ぜひ来年もご一緒させてください！」

お読みになって、お気づきでしょうか？

ちょっとしたトークのなかに、**「四字熟語」**や**「ことわざ」**を入れていますよね。

何となくトークに知的さが増していると思いませんか？

知性に富んだトークができると、「正しい判断ができる営業マン」と印象づけることができます。結果として、イエスといってもらいやすくなるのです。

私も、子どもの勉強を見ながら、いまでも少しずつ語彙力の強化に努めています。

ぜひあなたも、楽しみながら知的なフレーズを増やしていってください。

一生使える

5

# 過剰な敬語は○？　それとも×？

社会人になれば、尊敬語や謙譲語といった敬語は最低限、マスターしているはずです。

その際に、「二重敬語など、過剰な敬語はよくない」と教えられてきた経験はないでしょうか？

私は、営業マンのトークに限ってみれば、**「過剰な敬語は、すれすれのラインまでに限ってOK」**だと思っています。

たとえば、訪問してくださったお客様に対して、営業マンが単に「お送りします」といってしまうと、お客様によっては生意気に思うケースもあります。

そのような際には**「お送りさせていただいてもよろしいでしょうか？」**などと、あえて丁寧すぎるほどの言い回しをするほうが、大切にされていると感じ、聞いているお客様も気持ちがいいものです。

「お送りする」に加えて「させていただいてもよろしいでしょうか？」というのは少々くどい感じもしますが、そうすることで、よりお客様への敬意が伝わりやすくなります。

もちろん、これは話す場合に限ります。

手紙やメールなどでは、過剰な敬語にならないように十分に気をつけましょう。

また、ふだんはあまり使わないような**「難しい言い回し」**も覚えておくと便利です。


**【お客様により高い敬意を表す丁寧なトーク例】**

- 「こちらが資料でございます。どうぞ、ご高覧くださいませ」
- 「平素は格別のご高配を賜り、厚く御礼申し上げます」
- 「○○様のご高名は、かねがね伺っております」
- 「ご請求書をお送りさせていただきます。よろしくご査収くださいませ」

こうした表現は、とくに年配のお客様からの反応がよくなります。

表現の引き出しを増やしておけば、相手の立場や状況によって言葉を使い分けることができるようになります。

お客様にも、「理知的な営業マン」だという印象を与えることができるでしょう。

一生使える

6

# この一言が異性の誤解を招く

「口は災いのもと」といわれます。

一般社会においても、思ったことをそのまま口にすると嫌われるシーンは多々ありますが、営業の場面ではそれ以上に自分の言動に気をつけなければなりません。

**とくに怖いのが、異性を褒めるときです。**

たとえば、「○○さん、今日もおきれいですね」と、軽々しく、当たり前のように女性を褒める営業マンを見かけることがあります。

褒めているから、何をいってもいいというわけではありません。

というのも、いわれた相手は、褒め言葉だとわかっていながらも、「異性として見られている」「何か別の誘いがあるのではないか」と疑心暗鬼になるケースが意外なほど多いからです。

場合によっては、営業マン個人にとどまらず、会社の信用問題にまで発展しかねません。

では、異性を褒める際には、どのようなトークをすればいいのか？

**【営業シーンで異性のお客様を褒めるときのトーク例】**

●「いつも季節感のあるお召し物をお選びで、とても素敵ですね！」
●「今日も素敵なお召し物で、お似合いでいらっしゃいますね！」
●「○○さんとお会いすると、はつらつとしていらっしゃるお姿に、いつも元気をいただきます！」
●「今日は一段と輝いていらっしゃいますね！」
●「○○さんのような上司ですと、部下の方々も、きっと、やる気が出るでしょうね！」

ポイントは、異性の容姿についてストレートに「きれい」「美しい」などというのではなく、その人のモノや雰囲気について感じたことを控えめな表現で伝えるところにあります。

そうすれば、相手に変な誤解をされることもなくなっていくことでしょう。

一生使える 7

# 「上から目線」のこんなトークは絶対にタブー

「プロの目からいわせていただくと、そのお考えではうまくいくものもうまくいかないと思います」と、よかれと思ってアドバイスしたとたんにお客様がムッとして、全然話してくれなくなって困ったという後輩がいました。

このような営業トークは、とくに自信過剰気味になっているときに表れがちです。

もちろん、営業のプロとして情報提供やアドバイスをするのは大切です。

しかし、アドバイスと非難は違います。お客様の機嫌を損ねてしまっては、元も子もありません。

私だったら同じシチュエーションでは、次のように話しています。

**【見当違いな意見に対してアドバイスをしたいときのトーク例】**

× 「プロの目からいわせていただきますと、その考え方ではうまくいきませんね」

○ 「そのご意見も御社のお立場からするとごもっともでございます。長年、同業他社様を拝見してきた身として、あえてつけ加えるならば、こういう考え方もあるのかなと思う次第でございますが、いかがでございますでしょうか？」

さらには、次のようなささいな場面でも、営業マンの言動1つでお客様に悪い印象を与えてしまうことがあるので注意が必要です。

**【訪問した際に、お茶かコーヒーかを尋ねられたときのトーク例】**
×「お茶でいいです」
○「恐れ入ります。それではお茶をお願いしてもよろしいでしょうか？」

いかがでしょうか？

いいたいことは同じであるのにもかかわらず、伝え方1つでお客様が抱く印象がずいぶん変わってしまうことがご理解いただけたでしょうか？

**そう、ちょっとした言葉の違いが、最終的な営業成績を左右することにもなるのです。**

何気ない一言においても、上から目線の偉そうなトークになっていないか、あらためて確認してみることをおすすめします。

一生使える 8

# 「聞き苦しい口癖」はこう封印しよう

私は以前、「『えー、あのー』が会話の半分くらいを占めているよ」「すぐに『すいません』というから、自信がないように感じられるよ」「語尾が上がるね」などなど、鋭い指摘をされたことがずいぶんありました。

だれにでも口癖の1つや2つくらいはありますよね。

その口癖のなかには、聞かされている側にとって不愉快になるものも少なくありません。

ところが、「その口癖は直したほうがいいよ」と、他人から指摘をしてもらえる機会は、なかなかないものです。

また、自分の口癖を知ろうと自ら動く営業マンもめったにいないことでしょう。

その点、トップ営業は違います。

**そう、自ら積極的に自分の欠点や口癖を知ろうと周囲に質問をしているのです。**

自分ではなかなか気づかない口癖を封印するためにも、ぜひ、あなたも思いきって上司や家族、周りの人に、こう尋ねてみましょう。

- 「私が、無意識のうちにいってしまっている口癖って何かありますか？」
- 「自分では気がつきにくいので、私の口癖で気になっていることを教えてください」
- 「封印したほうがいい口癖って何かありますか？」

「こんなこと聞けるか」と思うかもしれませんが、その収穫は想像以上のものがあります。

自分が思っている以上に、自分のことは知らないものです。

同時に、相手は、あなたが思っている以上に、あなたをよく見ています。

つまり、お客様は営業マンの欠点など、すぐに見抜いてしまうのです。

お客様が営業マンの聞き苦しい口癖に気づいているのに、営業マン自身がそれに気づかず放置していれば、結果もそれなりのものに終わってしまいます。

**トップ営業は、いらぬリスクは徹底して排除します。**

だから他人の指摘を素直に受け入れ、素早く改善につなげるのです。

自分の口癖というのは、キャリアを積めば積むほど聞きにくくなるもの。

必要なのは、ほんの少しの勇気です。

あなたも、明日にでも周囲の人の力を借りて、自分の口癖を把握しましょう。

一生使える

# 9

# 営業トークを考えるうえで何よりも大切なこと

さて、この章では「営業トークの基本の基本」について見てきたわけですが、最後に一番大切なことについてお話ししておきたいと思います。

**それは、営業の主役は営業マンなのか、お客様なのか、ということについてです。**

たとえば、お客様に断られて「悔しいです！」と憤ったり、アポがとれなくて電話口で「ちっ」と舌打ちをしたり、急に声色を変えたりする営業マン……。

そんな営業マンのホンネは、次のとおりです。

「『検討します』だって？　時間を使ったのに断りやがって！　悔しい！」

つまり、「自分がこうなりたい」という、自分の未来像だけがあって、それから遠ざけるお客様にイライラするという構図が成り立っているわけです。

このように主役が「営業マン自身」になると、どうなるか？

たとえば、初対面のときでも、「他社には何社くらいお問い合わせされているのでしょうか？」「他社の営業はどんな人が担当ですか？」などと、矢継ぎ早に質問をするばかり。

こんな営業マンに魅力なんてありません。

お客様から「信頼関係もできていないのに、根掘り葉掘り、いいにくい話を聞いてくる営業だな」と警戒されるだけです。

勘のいいお客様なら、「自分の数字」「自分の出世」ばかり考えている営業マンだと見抜かれてしまうでしょう。

そんな感情的で自己中心的な営業マンにならないためのシンプルな解決方法があります。

**それは雑談、アポとり、商談、クロージング、フォローに至るまで、トークのすべてのベクトルを「お客様」に向けることです。**

営業の主役は、まぎれもなく「お客様」。

お客様が主体のトークを心がけましょう。

具体的には次の章から営業のシーンごとに詳しく見ていきますが、これを実践することこそ、まさに「売れる営業」になるうえでの王道中の王道。

**「自分を特別に考えてくれている」**――限られた短い時間のなかで、お客様にそう感じさせることができる営業マンのみが生き残れるのです。

さあ、準備はよろしいですか？

それではさっそく、次の章へとお進みください。

第1章

## 「営業トークの基本の基本」のエッセンス

◎自分のトークを見つめ直すことから「売れる営業」への道は始まります。

◎声のトーンに変化をつけて、トークに臨場感を出しましょう。

◎日頃の工夫とケアで、滑舌の悪さは十分に改善できます。

◎四字熟語やことわざをトークに織り交ぜて、知的な営業マンを演出しましょう。

◎過剰な敬語も、営業マンにとってはお客様に敬意を表す武器になります。

◎異性を褒めるときは、その人の「もち物や雰囲気」に注目しましょう。

◎何気ない一言が「上から目線」になっていないか、適宜確認することが大切です。

◎いらぬリスクを排除するためにも、聞き苦しい口癖は封印しましょう。

◎トークのすべてのベクトルをお客様に向ける人にだけ、輝かしい未来が待っています。

第2章

# こうすればスムーズにお客様と会える！

## ――アポとりトーク

すべての営業活動は、お客様に面談のアポイントをとることから始まります。

じつは、このアポとりには、ちょっとしたコツがあります。

それさえ知っていれば、おもしろいようにアポがとれるようになるのです。

では、どんなトークをして、面談の約束をとりつければいいのか？　この章で、正しいアポとりトークを身につけ、まだ見ぬお客様と会う機会をどんどん増やしていきましょう。

一生使える 10

# 「いつでもお客様に合わせます」ではアポはとれない

さて、この章ではお客様との最初の接点である**「アポとりトーク」**についてお話していくわけですが、まずは次のトークをご覧ください。

営業「ぜひ詳細をご説明させていただきたく、一度ご訪問させてください」
お客様「興味がないわけじゃないんだけど、忙しいからな……」
営業「私としては、いつでも合わせますので、ご都合をおっしゃってください」
お客様「うーん。じゃあ、また今度連絡します」

この会話のどこがいけないのでしょうか？
前提として押さえておきたいのは、お客様には、**「暇な営業マンとはつき合いたくない」**心理があるということです。
ここでは、「いつでも合わせます」という言葉が、「だれからも相手にされていない営業マン」→「そんな暇な営業マンとは会いたくない」という結末を招いているわけですね。
それでは、どのようなトークをすればいいのでしょうか？

**【お客様に選択肢を与えるアポとりトーク例】**

●「来週の火、木、金の14時以降でしたら○○様の会社の近くにおりますので、なるべくお時間を合わせさせていただきます。その次の週の月、火あたりでもけっこうです。どこかで30分から1時間ほどお時間をいただけたら嬉しく存じます」

お客様にしてみれば、「いつでもいい」と丸投げされるよりも、このようにいくつか候補日程をあげてもらったほうがスケジュールをイメージしやすいはずです。
さらには、具体的に手帳などを見てもらえる可能性が高まり、アポとりの確率がグンと上がってきます。

**新規でアポをとりたいときは、「いつでもいいですよ！（伺いますよ！）」というのではなく、複数の候補をあげる――。**

アポをとりたいあまりに、すべてをお客様に合わせてしまう営業マンが多いようですが、それではかえって逆効果。選択肢を与えることで、アポの確率を高めていきましょう。

一生使える 11

# アポとりを優位に進める、とっておきの方法

先ほど、アポとりの際に「いつでもいい」という営業マンはダメだといいました。

では、**「いつも忙しい営業マン」**はどうでしょうか?

たとえば、「〇月〇日の午後4時半から6時までの間だったら大丈夫ですが、いかがでしょうか?」とアポをとろうとしたとします。

お客様によっては、「午後4時くらいまで予定があって、午後4時半からこっちに来ようとしているんだな」「空いている隙間時間を埋めようとしている」などというように自己中心的な営業マンだと受け取られることで、逆効果になります。

また、「金曜が午後2時以降で、来週火曜が午後4時~6時、再来週の月曜が午後3時以降で~」と矢継ぎ早にスケジュールを話すのも、お客様にメモをとらせるなどよけいな負担をかけることになり、悪印象をもたれかねません。

**つまり、「忙しすぎる営業マン」も、好まれないのです。**

スムーズにアポを確定させるためにも、次のような会話を参考にしましょう。

**【お客様によけいな負担をかけないアポとりトーク例】**

●「今週の水曜日、木曜日は午後4時以降、来週であれば午後3時以降からであれば、○○様のご都合に合わせることができますので、ぜひ一度お会いさせてください」

このように、お客様がメモをとらなくてもいいような、ざっくりとした日程を提示するのです。

その際、**「木曜日は午後4時半から会議があるので、午後3時半から1時間くらいだったら大丈夫ですよ」**とこちらが提示した以外の時間をいってくるお客様もいます。

そういう場合に備えて、最初に日程を提示する際には30分くらいの余裕をもたせるようにしておくのがコツです。

その場合、実際にはムリなく調整ができるとしても、**「○○様にお目にかかりたいので、何とか調整いたします！」**という具合に、お客様への貸しができる状態をつくれれば、優位にアポとりを進めることができます。

当然、キャンセルもされにくくなることでしょう。

一生使える

12

# 会社のトップへのアポとり電話にはコツがある

先日、ある経営者の懇談会に参加した際、「いきなり『社長いますか?』と営業電話がかかってくることが最近増えて、困っている」という話になりました。そして経営者の方々は、口を揃えて「『いない』と伝えてくれ」と指示しているというのです。

なぜ、実際には「いる」のに「いない」といわせているのでしょうか?

それは、会社のトップである社長たちは、そんな「だれにでも通じるような営業電話」に対応しているほど暇ではないからです。

したがって、会社のトップへのアポとりでは、**「御社(○○社長)だからこそおつき合いしたい」**という特別感を出すのが鉄則です。

現在は、1分もあればネット検索で代表者名などがわかる時代です。

その手間を惜しんでいることが、たった一言で見透かされてしまうのです。

社長の名前も知らずに電話をすれば、「仕事をなめている」と、うんざりされたり、会社の姿勢に疑問をもたれてしまってもおかしくありません。

トップへのアポとり電話をするのなら、少なくとも次のようにする必要があります。

**「株式会社○○の山本と申します。田中社長様は、いらっしゃいますでしょうか？」**

名前で呼べば、単に「社長いますか？」というよりは取り次いでもらえる確率も高まるでしょうし、そこまではいかなくても秘書の方くらいまでは、つないでもらえるかもしれません。

そして、運よく社長と話す機会に恵まれたら、いきなり用件を切り出したりしてはいけません。

**【トップにつないでもらったときの最初のトーク例】**

●「○○社長の経営理念などについては、かねがね多方面で伺っておりました。お電話させていただき、ぜひ、○○社長にお目にかかりたいと思っておりました。お声が聞けて、とても嬉しいです！」

「○○社長の声が聞けただけで嬉しいです」「○○社長とずっとお話がしたかった」などという実名を出しての演出は、最低限のことだと心得ておきましょう。

一生使える
13

# 「間に合っている」を逆手にとる魔法のトーク

「いま、間に合っています」とお客様からいわれたとき、「ああ、そうですか」と簡単にあきらめてしまう営業マンがいます。

**でも、じつはここが「売れるか、売れないか」の分かれ道です。**

まず、「間に合っている」といわれたからといって、「買わない」「契約をしない」お客様であると判断するのは早すぎます。

むしろ、同業他社の商品やサービスを使っているのですからチャンスなのです。いますぐ購入される予定ではないお客様であっても、契約を見直したり、契約が途切れる瞬間が訪れます。また、使ってはいるけれど、何かしら不満をもっているお客様もいます。「間に合っている」イコール「満足している」とは限らないのです。

では、このようなとき、どのようなトークをすればいいのでしょうか?

**【お客様から「いま、間に合っています」といわれたときのトーク例】**

●「さようでございますか。**ちょうどよかったです!**　いま、○○様のように、同じような商品を使っていただいているお客様に業界の最新トレンド情報や商品をご紹介しております。何かお困りの点や、『もっとこうだったらよいな』などと思う点はございませんでしょうか?」

●「それは、**ちょうどよかったです!**　現在、○○社様のように他社様をお使いいただいている企業様だけにキャンペーンを実施しております。もちろん、すぐにご契約ということではなく、御社の現状などを伺わせていただきながら、次のご検討の時期や、お買い換えの際に備えて情報提供をさせていただければ嬉しく存じます。一度、資料をおもちいたしますので○○様にお目にかからせていただけますか?」

このように**「ちょうどよかったです」**というフレーズを織り交ぜて、「間に合っている」を逆手にとるトークを心がけましょう。

「間に合っている」お客様は、「まったく興味がない」お客様とは違います。

私自身、こうしたトークから1カ月以内にご契約をいただいたことが何度もありました。

もし、すぐに話がまとまらなかったとしても、種まきをすることができますよね。

中長期的にはお客様になりうる可能性が大いにあると捉えましょう。

一生使える
14

# 同業他社をけなさずに、自社のよさを伝える秘訣

新規のアポとり電話で、「いま、A社を使っているんだよ」とお客様からいわれたときに、「○○社は業界でもあまり評判はよくないですからね」「そうですか。先日、不祥事があったA社ですよね」などといった具合に同業他社のことをけなしていませんか?

たしかに同業他社のネガティブな側面を強調することで、自社を優位に立たせたいという気持ちはわかります。しかし、同業他社を目の敵にすると、お客様を悪くいうことと同義になってしまうので注意が必要です。

こんなとき、トップ営業は少々違うトークを展開していきます。


**【お客様が同業他社の商品・サービスを使っているときのトーク例】**

- 「それは、素晴らしいですね! ○○社様の商品の使い心地はいかがですか?」
- 「○○社様のサービスも素晴らしいですね。実際に現在、当社のお客様の3分の1が過去に○○社様をご利用なさっていらっしゃいました」

他社の話が出たとき、あえて明るく反応して、お客様の選択を肯定したうえで会話を進めていくところにポイントがあります。

そうすれば、お客様がその商品やサービスに不満をもっていた場合に、「もっと、こうだったらいいのにね」「こういう機能があったら嬉しいんだけどね」などと打ち明けてくれる可能性がグンと高まります。

そして、お客様が不満を打ち明けてくれたら、こう話を展開していきましょう。

**【お客様が同業他社の商品・サービスに不満をもっているときのトーク例】**

●「▲▲社様とは、また違った～な点（お客様が望んでいそうな点）で、ご好評いただいております。ぜひ、お切り替えの際などに備えて、来週あたり資料だけでもおもちさせていただければ幸いです」

このように、同業他社の隙間を狙って、さりげなく自社のよさをアピールするほうが、はるかに効果的です。

同業他社の悪口をいったところで、百害あって一利なしなのです。

一生使える
15

# アポとり電話の最終ゴールを見失うな

アポとりの前の段階で長々と説明してしまったために、「そうですか。よくわかりました。必要なときに、またこちらから連絡させてもらいます」とかわされてしまったという経験は、営業マンなら何度かしていることでしょう。

何よりもまずいのは、商品やサービスに関する**「もちネタ」**をすべて出し切ってしまうことになりかねないという点です。

こうなってしまうと、お客様にしても「よくわかりました。またその際には」というしかなくなってしまいますよね。

では、どのようなトークをすればいいのでしょうか？

**【商品説明を最低限にとどめたうえでアポをとるトーク例】**

●「お電話でそのあたりの詳細を伺うのもどうかと思いますので、一度○○様にお会いさせていただきたく、ぜひ、続きは今週か来週あたりでお目にかからせていただいた際にでも伺えれば大変嬉しいです！」

●「採用方法もいろいろとありますので、難しいですよね。ですから、すぐにご契約というわけではなく、人材選びで失敗しないためにも、ぜひ、選択肢をもっていただきたいと考えております。○○社様に合う人材に会っていただくための情報提供とお手伝いをさせていただけたら、とても嬉しいです！」

お客様の心理としては、アポとりの電話で商品説明をすればするほど、**「買わされたくない」**という防御本能が働きます。

「次の面談がクロージングの場になりそうだ」と警戒するためです。

つまり、アポとり電話でトークを完結させようとすればするほど、「売り込み」だと感じさせてしまうのです。

アポとり電話の目的は、商品説明をすることではありません。

**文字どおり、アポをとるところにあるのです。**

当たり前のことなのですが、これを忘れてしまっている営業マンはじつに多い、というのが私の実感です。

ぜひ、しっかりと目的を見すえたうえでトークを展開しましょう。

第2章

# 「アポとりトーク」のエッセンス

◎新規のアポとりでは、お客様に選択肢を与えることを優先させましょう。

◎アポとりの日時を提案するとき、お客様によけいな負担をかけないのが一流の営業です。

◎トップへのアポとりでは、「社長だからこそおつき合いしたい」という特別感が重要です。

◎「いま、間に合っています」は、絶好の種まきのチャンスと捉えましょう。

◎同業他社の隙間をねらって自社のよさをアピールしましょう。他社の悪口は厳禁です。

◎アポとり電話で商品説明にかける時間は最小限に。アポをとることに集中しましょう。

# 第3章

# お客様との「心の壁」がなくなる！

## ——アイスブレイク・雑談トーク

営業マンといえども、初対面では多かれ少なかれ緊張するもの。
短時間でお客様と打ち解けることができれば、ムリなく本題に進めます。
何気ないトークで、場の空気を明るくするのもトップ営業の条件。
スムーズに商談に入っていくためにも、
アイスブレイクや雑談の達人になりましょう。

一生使える

16

# 印象力アップ！ 初対面での名刺交換トークの基本

初めてのお客様とお会いした際、最初にすることーーそれは**「名刺交換」**ですよね。

名刺交換は、「この営業マンは大丈夫か？」を判断するための、まさに第一関門のようなものです。ここは、手抜かりなく突破したいものです。

**【名刺交換をする際の基本トーク例】**

● 「本日はお忙しいなか、お時間をいただきまして誠にありがとうございます。○○様とお会いできることを心より楽しみにしておりました。株式会社プラウド人材開発部の山本幸美でございます。よろしくお願いいたします！」

まずは、時間をとっていただいたことへの感謝とお会いできたことの喜びから入ります。

次に、名刺を渡した相手に、きちんと部署名や所属先を伝えましょう。

加えて、多くの営業マンは苗字だけで名刺交換をしているようですが、フルネームで手渡しすることも大切です。

ささいなことですが、このような工夫から、直後の雑談につながることも多々あります。

また、名刺交換においては、１対複数の場合にも少々注意が必要です（以下はダメな例）。

１人目　「株式会社プラウドの山本幸美でございます」

２人目　「プラウドの山本です」

３人目　「よろしくお願いします」

この場合、１人目より２人目、２人目より３人目という具合に、どんどん挨拶が省略されていますが、これでは相手に失礼ですよね。

また、名刺交換の相手が複数になったときは、受け取った相手を覚えることも重要です。

お客様　「株式会社○○社の田中です」

営　業　「田中様ですね。ありがとうございます。ちょうだいいたします」

名前をしっかりと復唱しながら、名前と顔をインプットします。

複数なので、だれがだれだかわからなくなることのないように後からメモをするなどの工夫をして、少しでも早く顔と名前を一致させるように心がけましょう。

一生使える 17

# 「変わったお名前ですね」は失礼？

名刺交換をして、あまり耳にしたことのない名前に出合うと、とくに悪気があるわけではないのですが「変わったお名前ですね！」などという営業マンがいます。

しかし、一歩間違えると不快感を露にするお客様もいるので、注意が必要です。人となりを話し出す前から、変わり者のレッテルを貼られたと思ってしまうからです。「名前を汚す＝その人を汚す」ことにもなりますので、細心の注意を払いつつ**「名前トーク」**をしましょう。

**【珍しい名前へのトーク例】**

● 「〇〇さんという苗字の方に初めてお会いました。初対面の方にもすぐに覚えてもらえるので、印象に残るお名前には本当に憧れます！　私の『山本』は、同じクラスに必ず1人はいますからね」

**【読み方がわからない場合のトーク例】**

●「○○様とは、素敵な苗字でいらっしゃいますね！　下のお名前は、どうお読みすればよろしいのでしょうか？」

**【よくある名前の場合のトーク例】**

●「田中さんというお名前の方は、私の周りで仕事ができる方が多いので、今日、お会いするのを本当に楽しみにしていました」

●「私、佐藤さんというお名前の方とは本当にいいご縁があるんです！　これも何かのご縁かと存じますので、ぜひ、末永いおつき合いをよろしくお願いいたします」

**【名前に自分と同じ文字がある場合のトーク例】**

●「偶然にも、同じ『幸』という字ですね。何だか運命的なご縁を感じます！」

**【まったく共通点がない名前へのトーク例】**

●「○○さんってお名前、すごく素敵で、とても惹かれます。どんな由来からつけられたんですか？」

このようにお客様の名前に応じてトークのバリエーションを広げておけば、すぐに打ち解けることも可能になります。

あなたも、自分なりのトークを準備しておくことをおすすめします。

一生使える 18

# 重役の心をつかめるかどうかは最初の一言で決まる

中小企業のオーナー・役員などにアポをとった際、知っておきたいことがあります。それは、「重役は孤独な人が多く、敵か、味方かで判断する傾向が強い」ということ。したがって、営業マンとしては、いかにパートナーとしての位置づけを確立するか、ということが重要になります。

**【重役向けのトーク例】**

- 「社長ともなれば、なかなか込み入ったご相談ができるお相手が社内にいらっしゃらないともよく伺います。現代の経営戦略では待ったなしの女性活躍推進の観点から、ぜひお話を伺えましたら嬉しいです」
- 「ホームページを拝見いたしまして、○○社長の理念やビジョンに大変共感いたしまして、ファンになりました！　ぜひいろいろと勉強させてください！」
- 「お客様の課題を解決することをモットーに日々営業をしております！　○○社長

のような創業者様には本当に憧れます！　ぜひ起業秘話などもお聞かせいただけたら嬉しいです」

相手が重役ともなれば、「忙しいだろう」とムダを省くトークばかりが優先され、いきなり用件から入りがちですが、私の経験からすると、**「なぜ、その重役とおつき合いしたいと思ったのか？」**、そして**「自分はどんな志をもっているのか？」**というトークから入ったほうが、その後の展開がうまくいくことが断然多かったように思います。

なぜなら、**中小企業のオーナー・役員は、ビジョンをもっている方が多いからです。**

そのビジョンに興味・関心をもってくれる人に親近感をもつのは当然のこと。

ただ「買ってください！」という姿勢で臨むのではなく、お客様のビジョンをしっかりと把握したうえで面談に臨むことが大切です。

重役は悶々と1人で考えていることが多いものです。

「○○という思いで営業をしております」と自分の思いをコンパクトに語りつつも、「重役の孤独」の隙間を埋める、熱いトークを織り交ぜることで、心は次第にあなたのほうに傾いてくることでしょう。

一生使える 19

# 営業マンの実績を気にするお客様には何が効く？

お客様は、「営業マンがどういう実績をもっているか？」を見ることによって、「だれとつき合うか？」を判断することがあります。

ここでは、そうしたお客様にどのようなトークをすればいいのかについて見ていきます。

**【実績が気になるお客様向けのトーク例】**

●「私は○○社様と同じぐらいの規模の企業様に強みをもっており、ご相談を多数いただいております。御社ともかねがねご一緒させていただきたいと思っておりましたので、このたびのご縁は、本当に願ったりかなったりです」

実績は気になるけれど、同じ扱いを嫌うお客様なら、新しい取り組みをする意欲を示します。

**【他社と差別化したいお客様向けのトーク例】**

●「私はさまざまな業界の企業様とおつき合いさせていただいておりまして、経験や実績を踏まえながら、他社様がやっていらっしゃらないような取り組みを支援させていただくところに強みをもっております。まずは御社の現状からざっくばらんに伺えましたら幸いです」

このときに大切なのは、あなたの会社の他の営業マンの実績もネタにできるようにしておくことです。お客様は、あなただけでなく、あなたの会社がどういう実績を上げているのかが知りたいのですから、ある意味で当然のことですよね。

**【他の営業マンの実績を紹介するトーク例】**

●「私どもが懇意にさせていただいております企業様では～」

●「当社では〇〇の業界に強みをもっております。たとえば～」

わざわざ「私の実績ではございませんが」という必要はありません。

**「私ども」「当社（弊社）」**という表現で、堂々と実績を口にしましょう。

一生使える 20

# 会話が途切れそうなときに効果抜群の鉄板ネタ

お客様と雑談をしていると、会話が途切れてしまう瞬間があります。
そんなときにおすすめなのが、**「キャリアネタ」**です。

**【お客様のキャリアに関するトーク例】**

- 「○○様は、御社にご入社されて、何年目でいらっしゃるのですか？」
- 「○○様は、御社にご入社以来、ずっと人事畑でいらっしゃるのですか？」
- 「御社には新卒でご入社されたのですか？」

お客様が、どういうキャリアを歩んできたのかを話題の中心にするわけですね。
そして、たとえばお客様が「ずっと営業畑でしたので、人事は素人ですから……」といったら、いまの業務に詳しくない可能性もありますから、「営業から人事なんて、期待されている証拠ですね！」などと角度を変えて返すといいでしょう。

逆に、「はい、人事一筋です」と話すようであれば、「私はまだまだ発展途上の身でございますので、いろいろとご指導くださいませ」と返してみるのでもいいでしょう。

お客様が**「どういうキャリアをたどってきたのか？」**を聞くのは、おつき合いを深めるうえで、もってこいの話題です。

また、お客様が転職されていたような場合は、「どういう思いでいまの会社にいるのか？」を聞いていけば、前向きな話につながりやすくなります。

**【お客様のキャリアヒストリーに関するトーク例】**

- 「ご経歴を伺うと、まさに御社の期待の星であるのがよくわかります」
- 「○○様は、御社には、なくてはならない存在なのがよくわかります」

キャリア事情を伺うことで、その方が「会社でどういう位置づけの方なのか？」「どういう考えや人生観をおもちなのか？」がよくわかりますし、お客様のキャリアヒストリーから関係がグンと深まることも頻繁にあります。

**「お客様のキャリアを知らずして営業マンは務まらない」**と力説するトップ営業マンもいるくらいですから、あなたもお客様のキャリアについて質問してみてはいかがですか？

一生使える 21

# 営業マンの人間性はこんな場面で試される

営業マンは、キーマンを目の前にすると、とたんに熱が入るものです。

契約のカギを握っているのですから、当然かもしれません。

ところが、肝心の決裁者であるキーマンはというと、**営業マンがキーマン以外の人をどう扱うかを人一倍シビアな目で見ているので注意が必要です。**

たとえば、訪問先でお茶を出してもらうことがありますよね。

そのお茶を出してくれた人に、どんな態度をとっているでしょうか?

あるいは、窓口（電話に出てくれた人）や受付の人へも同じです。

直接的にお世話になっていないからといって、「あなたは関係ない人だから」という態度をとっているようでは、うまくいくわけがありません。

つまり、営業マンとしては、担当者やキーマン以外の人に対しても細心の心くばりができる、裏表のない営業トークをするのが鉄則なのです。

**【お客様の背後の人への心くばりを示すトーク例】**

●「お忙しいなか、恐れ入ります。○○様は、ご在席でいらっしゃいますでしょうか？」

●「いつも大変お世話になっております。○○様は、いらっしゃいますでしょうか？」

●「お手間をとらせてしまって申し訳ございません。○○様は、いらっしゃいますでしょうか？」

このようなトークで、お客様の背後にいる方々にも爽やかな印象を残しましょう。

もちろん、これは法人営業に限らず、個人営業においても一緒です。

キーマンの奥様や旦那様、お子さんなどに対しても、ふだん以上に心遣いのある一言をプラスして、味方につけましょう。

実際、キーマン以外の人への対応が上手になればなるほど、「この人なら安心できる」と深いつき合いをしてもいいと思ってもらいやすくなりますし、商談にもプラスになります。

**キーマンの背後にいる人に対しても気をくばったトークができれば、その人たちから絶大な信頼を勝ち取ることもできるでしょう。**

あなたも、そんな素敵な営業マンを目指してくださいね。

一生使える 22

# 紹介者に礼を尽くさない営業マンに未来なし

キーマンの背後への心くばりという意味では、**「紹介者」**についても同じことがいえます。

紹介者というのは、文字どおり将来のお客様を紹介してくださる、ありがたい存在です。

あなたは、そんな紹介者に対して礼を尽くしていますか？

忘れてはならないのは、紹介者は「彼に紹介したけれど、その後どうなっているのかな？」とつねに気にかけているということ。

したがって、紹介されたお客様に会うことになったときや、実際に会った後には、きちんと報告をするのが最低限のマナーです。


**【紹介者の顔を立てるトーク例】**

●「先日は○○様をご紹介いただき、ありがとうございました。さっそく、ご連絡をさせていただきまして、今週の木曜日にご来社いただくことになりました。ひとまずご報告をさせていただきたく、ご連絡いたしました。○○様にお目にかかりましたら、あらためてご連絡させていただきますので、よろしくお願いいたします」

●「先日、△△様にご紹介いただきました○○様に、10月30日にご来社いただきました。ご紹介いただきまして本当にありがとうございました。よいご縁になりますよう尽力いたしますので、引き続きお力添えのほど、何とぞよろしくお願い申し上げます」

新しいお客様を紹介してくれるというのは、それだけ紹介者があなたのことを信頼し、認めてくれているということでもあります。

だからこそ、馴染みのあるお客様と同じくらい、いやそれ以上に丁寧にコミュニケーションをとる必要があるのです。

新しいお客様が契約になる・ならないは関係ありません。

**何はともあれ、新しいお客様を紹介してくれたことに対して感謝していることを態度で示す——。**

トップ営業ほど、これがきちんとできています。

そして、このちょっとした気くばりの違いが、「売れる営業」と「売れない営業」を分けるのだと私は思っています。

一生使える 23

# 初回訪問の際に欠かせない切り出しトーク

この項では、お客様を訪問する際に、最初からスムーズに会話を進めるために欠かせない**「切り出しトーク」**をご紹介しましょう。

そのきっかけとなる題材は、じつに身近なところにあります。

**【環境を褒めるトーク例】**

- 「このあたりは閑静な住宅街だから仕事をするにも集中力が研ぎ澄まされそうです！」
- 「駅から並木道を通って会社に行けるなんて、本当にうらやましいです！」
- 「このあたりは○○が名産ですよね！　帰りに駅で買って帰ります！」

**【アクセスを褒めるトーク例】**

- 「駅に直結しているから雨の日でも傘いらずで、とても便利ですね！」
- 「このあたりは、おいしそうなお店がいっぱいあるからランチには困りませんね！」
- 「新幹線や空港にも電車1本で行けますから、出張にも便利ですね！」

そう、お客様の**「地元ネタ」**をとり上げると共通の話題にしやすいのです。

地元というのは、お客様が毎日通ったり、毎日帰っていく特別な場所です。

そんな場所を話題にするわけですから、お客様がすぐに親近感を覚えるのもご理解いただけますよね。

お客様との別れ際でも、使えるフレーズがあります。


**【別れ際のトーク例】**
- 「仕事では何度か来させていただいておりますが、いつもとんぼ帰りなので、ぜひ、今度はプライベートでも来たいです！」
- 「心が落ち着く、よいところですね！　また来させていただきます！」
- 「私の地元にも少し似たところがあり、何だか嬉しくなります！」

このように話せば、きっとお客様も**「またぜひ寄ってください」**と喜んでくださいます。

ここでご紹介した「切り出しトーク」は、初対面のお客様に対しては本当に効果的です。

地元ネタを使って、あなたも一気にお客様との距離を縮めましょう。

一生使える 24

# 「おやせになりました?」は褒め言葉?

久しぶりにお客様に会ったら、以前よりやせたように感じられた……。

そんなとき、褒め言葉のつもりで**「あれ？　やせられました？」**と口にする営業マンは多いのではないでしょうか？

じつはこれ、全然違う意味で相手から捉えられることがあるのです。

「やせ型なので病的だと思われたのでは？」「年を重ねてやつれたと見られたのか？」「どうせ私は太ってますよ！　ちっともやせてなんかないわ！　失礼な！」などなど。

また、とくに細身の人のなかには「やせた？」といわれるのが嫌な人が少なくありません。「みすぼらしい」「ちゃんと食べてるのかな？」などと、いい意味にとらないことが多々あるのです。

これとは反対に、「いや。太ったんですよ」とお客様からいわれて、冷や汗をかいた営業マンもいます。

ここまでいえば、あなたにもおわかりいただけたことでしょう。

そう、営業トークにおいて、「太った」「やせた」に触れるのは、ご法度なのです。

では、どうすればいいのか？


**【「おやせになりました？」に変わるトーク例】**
- 「○○様、お変わりございませんようで何よりです！」
- 「最近、お忙しい日々をお送りと伺っておりましたので、お元気そうで何よりです！」

このように「いつもと変わらずお元気そうで素敵です」という意味合いでアプローチをするほうが安心です。

そこから「じつは、最近忙しくて体重が5キロも減りましたよ」などと返答があった際でも、「そうだったんですね。大事なお体、くれぐれもごムリをなさらないようにしてくださいね」という具合に、やせたことには深入りせずに、気遣いの言葉を投げかける程度にとどめておきましょう。

よほどのことがない限り、**お客様の体型については触れないほうが無難**なのだということを肝に銘じておいてください。

一生使える 25

# 「学歴トーク」をするときは、ここに注意！

ある合同研修で、「私の上司は東大を首席で卒業した、とてもやり手の優秀な人です」と話すコンサルタントの男性がいました。

その場に居合わせたメーカーや商社などの研修参加者は、その話を唖然として聞いていました。

なぜでしょうか？

この例のように身内の学歴を褒めちぎるのは、お客様軽視の営業マンだと思われかねないからです。

かといって、「東大を首席で卒業したんですが、仕事はまるっきりダメなんですよ」などと身内を下げるようなトークもいただけません。

お客様からすれば、その後の対応や話の収め方に困ってしまうからです。

つまり、身内に関しては上げてもダメ、下げてもダメ、ということ。

それよりも大切なのは、**お客様があなた自身やあなたの身内よりも浮かび上がるような**

**形のトークにすることです。**

本来、私は**「学歴トーク」**については否定的なスタンスをとっています。しいていうなら、せいぜい許されるのは、お客様自身やご家族の学歴を「素晴らしい、尊敬します！」と褒めるか、「○○様と同じ学校出身なんて大変光栄です」と喜ぶくらいのものです。

とはいえ、後者のほうは、いい流れになる場合もありますが、急に先輩、後輩の序列ができて、ムリな注文をされるようになって、仕事がやりづらくなったという営業マンの話を聞いたことがあるので、これについても考えものです。

いずれにしても、お客様にとって大切なのは、「この営業マンは自分に何をしてくれるのか？」ということです。

**もっといえば、営業マンとして仕事ができるかどうか？**

ここにすべてがかかっているのです。

そこに学歴が入り込む余地などありません。

あなたも、学歴至上主義のレッテルを貼られて、営業が難しくなることのないよう気をつけましょう。

一生使える
26

# 高級品を身につけているお客様には、この一言

営業をしていると、バッグや腕時計など、高級ブランドをおもちのお客様に出会うことがあります。

そんなお客様に対して、「それ、カルティエでしょ?」とブランド名を出したり、「その時計、高そうですね。おいくらくらいしたんですか?」と値段まで話に出したりすると、下世話な品のないトークに成り下がってしまいます。

私だったら、次のようなトークを展開します。

**【高級品を身につけているお客様へのトーク例】**

- 「さすが、ご自身にお似合いになられるものを熟知されていらっしゃいますね!」
- 「いつも思っておりましたが、○○さんは本当におしゃれですよね。ぜひ私も見習いたいです!」
- 「さすが○○様は、目のつけどころがいいですよね! 最近のトレンドを上手に取

り入れていらっしゃいますね！」

「おしゃれで、見習いたい」というフレーズを使って、お客様の自尊心を満たし、存在を浮き上がらせるわけですね。

また、それとは別に、営業マンから「ブランド品を身につけて営業をしたほうがいいですか？」と質問されることがあります。

ブランド品を身につけることで会話の糸口を見つけようということなのでしょうが、私は営業マンは高価なブランド品を身につけないほうがいいと考えています。

たとえば、営業マンのほうが高価なブランド品を身につけていたとしたら、たとえお客様を褒めたとしても、嫌味をいわれたという捉え方をされかねないからです。

墓穴を掘らないためにも、営業現場ではなるべく高価なブランド品はもち歩かないようにしましょう。

ただし、あまりにみすぼらしい身なりだと、「この人、営業としてダメなのかな」と思われる危険性もあります。

安っぽく映らないよう、上質なものを選ぶなど、適度なバランスをとりながら、営業としてのおしゃれを楽しみましょう。

一生使える

27

# 「私も忙しい」は「売れない営業」の常套句

お客様との会話の最中、「山本さんも、たくさんのお客さんを担当しているから、何かと忙しいんでしょ?」と聞かれることがあります。

そんなとき、「そうなんですよ。めちゃくちゃ忙しいんですよ!」と返答するのは、たとえそれが事実であったとしても考えものです。

なぜなら、変に忙しい営業マンを気どると、「あまり相手にしてくれない営業マンかもしれない」と、お客様の心のなかに寂しさが漂ってしまうからです。

それでは、お客様との間に距離をつくってしまいますよね。

私自身、そのようなシーンでこそ営業マンの人柄が出ると考えているので、慎重に言葉を選ぶようにしています。

**【「忙しいでしょう?」と聞かれた際のトーク例】**

● 「毎日、地道にコツコツやっています!」

● 「おかげさまで、ボチボチやっています！」
● 「まだまだ発展途上ですが、○○様をはじめ、お客様から本当によくしていただいておりまして、感謝の一言しか思い浮かびません！」
● 「たくさんのお客様からいろいろと気づきを与えていただき、日々、勉強させていただいております！」
● 「おかげさまで、日々、充実した毎日を送っています！」

このように肯定も否定もせずに、謙虚な姿勢で日々の営業活動に臨んでいることをアピールしましょう。

お客様というのは、つねに自分のことを一番見ていてほしいと願っているものです。**忙しい・忙しくないにかかわらず、そのお客様のことをつねに念頭において行動している——**。

そのことさえ伝われば、お客様は自然とあなたに信頼を寄せてくれるようになるでしょう。

一生使える 28

# 「○○に似ていますね」といわれたら？

あなたは、お客様から**「だれかに似ているよね？」**といわれてリアクションに困った経験はありませんか？

かくいう私自身、「芸能人の○○に似ていますよね？」といわれることがたまにありますが、その際に「ありがとうございます。たまにいわれます」と返すのでは不十分です。

**【「○○に似ていますね」といわれた際のトーク例】**

- 「ありがとうございます！　いつも素敵な○○さんが、そんなふうにおっしゃってくださるなんて大変光栄です！　何だか照れますね」
- 「○○さんから『女優さんに似ている』なんていわれて嬉しいです！　友人から『目から上だけが似ている』といわれたことはあります！」
- 「○○様にそのようにお褒めいただき、今日は本当に気分がいいです！」

このように、営業マンなら、話題に出てきた有名人、そして話題に出してくれたお客様の両方に花をもたせるように、バランスよくトークをする力が必要です。

内心では「全然格好よくない人に似てるというなんて最低！」「あの女優、ちっともかわいくないから嬉しくない！」と思っても短気を起こさず、「そんな有名な方に似てるなんて光栄です」と返しましょう。

たくさんのお客様にお会いしていれば、自分が嬉しくなるような人に似ているといわれることばかりではありません。

私も過去に、男性のミュージシャンに似ているといわれて、答えに困ったことがあるのですが、「生まれ変わって男性になったら、○○さんのようになれるかと思うと、わくわくしてきました！」と返答して、大いに場の空気がなごんだことがあります。

また、もし非の打ちどころのない美男美女の俳優、女優に似ているといわれたら、仮によくいわれていたとしても、「よくいわれます」などと可愛げのない発言はしないようにしましょう。

営業の雑談トークでは、一段下に自分を落とし、いってくれたことに喜ぶ態度を見せることが大切なのです。

一生使える 29

# お客様の故郷ネタに強いと得をする

「故郷を褒める」というのは、**「その人を褒める」**というのと同意義です。

逆に、故郷を軽く扱うというのは、その人のルーツを軽んじるのと同じだということです。

なかには「故郷に帰るつもりなどない！」「ここで頑張るんだ！」と考えている人もいるかもしれませんが、そんな人でも、張りつめた糸がピンと切れそうになる瞬間があります。

幼少期を過ごした場所を話せる瞬間は、リラックスできる瞬間でもあるということをぜひ知っておきましょう。

営業　「ずっと東京にお住まいなのですか？」
お客様「いえいえ。もともとは四国なんですよ」
営業　「そうなんですか。お話しする限りでは、全然わかりませんでした！」
お客様「地元に帰ると、四国弁丸出しですよ」

営　業　「四国ならではの方言にはどんなものがありますか？」
お客様　「〇〇っていいますね」
営　業　「方言ってやっぱりいいですね！　私も同じ中四国地方の広島出身なんです。四国は街並みも共通点があって、行くと私も落ち着くんですよ。人の密度とか距離感など、居心地がよく、私にとって第二の故郷のようなところです！」
お客様　「広島もいいところですよね」
営　業　「ありがとうございます。広島には行かれたことはございますか？」

都心で忙しく働いている人（とくに経営幹部）の場合、故郷について話す機会が少ないため、孤独になりがちです。

したがって、地元話が一緒にできる相手は、ほっとする存在でもあります。

「ああ、この人には話をしても大丈夫なんだ」という癒しの存在になると、「ここだけの話なんだけど」という具合に、心許せる相手にしか話せないことも聞かせてくれることが増えてきます。

故郷を褒めることで自然とお客様との距離が縮まるなんて、素敵なことだと思いませんか？

一生使える

30

# お客様の欠点を長所に変える大人トーク

お客様のなかには、少々自虐的な発言をされる方もいることでしょう。
そんなときにどう切り返せばいいのか？
代表的なものを見ていくことにしましょう。

**【「周囲に気をつかいすぎて、疲れるんですよ」】**

●「○○さんの心くばりが細やかなところは、本当に素晴らしいなと思います。私も見習わなければと思っております」

**【「八方美人すぎて、どこでもいいことしかいえないよ」】**

●「○○様の素晴らしい協調性こそ、チームに欠かせないものだと思います」

**【「愛想がなくてすいません」】**

●「だれにでも媚びを売らない方だからこそ、信用しております」

**【「いつも行き当たりばったりで、成り行きまかせなんです」】**

●「○○様の柔軟性は、変化の多い、いまの時代になくてはならない力です」

長所は短所、短所は長所です。お客様の言葉を逆手にとって切り返すのがポイントです。最後に、私がこれまでに使ってきて効果があった褒め言葉をあげてみることにします。

**【覚えておくと便利な褒めフレーズ例】**

●「今日は○○様の意外な一面に触れることができて嬉しかったです！」
●「○○様のユーモアのセンスには、いつも脱帽です！」
●「○○様の〜なところ、本当に尊敬します！　いろいろと勉強させてください！」
●「さすが情報通ですね。ご人脈が広くていらっしゃいますよね」
●「いろいろなご苦労もなさって、大変人生経験が豊富でいらっしゃいますね！」
●「論理的かつわかりやすいご説明ありがとうございます」
●「○○様の△△についてのお話に感銘を受けました！」

さまざまなシーンでとっさに引き出せるように、ぜひ、あなたもお客様の**「いいところ探し」**のプロになってください。

第3章

## 「アイスブレイク・雑談トーク」のエッセンス

◎名刺交換は、時間をいただいたことへの感謝とお会いできた喜びから入りましょう。

◎お客様の名前に応じたトークのバリエーションをもっておくのも、営業マンの務めです。

◎パートナーとしての位置づけを確立するトークで、重役の心をギュッとつかみましょう。

◎自分の実績だけでなく、他の営業マンの実績もインプットしておくと何かと役立ちます。

◎会話が途切れたときには、「キャリアネタ」を使うと俄然、盛り上がります。

◎キーマンの背後にいる人にも気をくばったトークができてこそ一流の営業です。

◎契約になる・ならないにかかわらず、紹介者の顔を立てるのは最低限の礼儀です。

◎初回訪問の際には、お客様の「地元ネタ」を使って、一気に距離を縮めましょう。

◎「太った」「やせた」はご法度。お客様の体型には極力触れないのがマナーです。

◎お客様があなた自身やあなたの身内よりも浮かび上がるトークを心がけましょう。

◎高級品志向のお客様には「おしゃれで、見習いたい」というスタンスで臨むのがベター。

◎お客様はつねに自分のことを見ていてほしいもの。「忙しい」は封印しましょう。

◎「○○に似ていますね」には、一段下に自分を落として喜ぶ態度を見せるのが正解です。

◎故郷を褒めるトークで、お客様を癒す存在になりましょう。

◎「いいところ探しのプロ」になれば、どんなお客様ともいい関係が築けます。

第4章

# 困った状況が一瞬でチャンスに変わる！

## ——転換トーク

「お客様の困りごと」を解決するのが、営業の仕事。

にもかかわらず、営業マンがお客様に困らされているようでは、本末転倒です。

ピンチのときほど、それを逆手にとったトークをしましょう。

この章でご紹介する「転換トーク」を上手に使えば、一気に状況を好転させ、ごく自然に、お客様を明るい未来へとエスコートできるようになります。

一生使える 31

# お客様の自慢話が止まらない！

営業マンから、「丁寧に話を聞いていると、お客様の自慢話が止まらなくなることがあり困っている」という相談を受けることがあります。

たとえば、「(写真を見せながら) この車、いくらしたと思います? 機種は××で○○搭載モデルなんですよ」「息子が受験して無事○○中学に合格しましてね。その中学は秀才揃いなんですよ」といった具合に、自分の家・車の話や家族・出身大学の話など、自慢話が延々と続いてしまう……。

営業マンは時間との勝負。

もし、先の例のようにお客様の自慢話が長くなりそうなときには、次のアポにつながるような、連続性のあるトークにもち込みましょう。

**【自慢話が長い場合のトーク例】**

●「そんな素晴らしいお車、憧れます！ 最近、お客様に家や車の買い替えなどで悩まれている方がけっこういらっしゃって、情報は入ってくるのですが、トレンドについていけてないところもありまして。ぜひ次回、いろいろと教えてください！」

●「合格おめでとうございます！　うちの息子はまだ小学生なのですが、人生の先輩としていろいろと勉強させてください。今日１日だけでお話を終わらせてしまうのはもったいないです。また、ぜひ次回お目にかかった際にでも詳しく聞かせてください！」

まずは、ひととおり話を聞いて満足感をもっていただくことが重要です。そのうえで、「この続きは次のときに詳しく教えてください」とアポとりにつなげるのです。

もしかすると、あなたは「次も延々と自慢話をされるのでは？」と思ったかもしれませんが、そんなことはありません。

次にお会いした際に、「先日の話の続きなんだけどね」などと、続きの話を切り出す人はごくごく少数です。

仮にそうなったとしても、前回同様、しっかりと話を聞く姿勢を見せれば、お客様は満足してくれます。

結果として、契約につながる確率もグンと高まることでしょう。

一生使える

32

# 何かというと否定的なことをいわれる！

お客様との商談の最中、否定的なことをいわれてしまった……。
営業マンとして、困ってしまうところですよね。
たとえば、あなたが女性活躍の推進に肯定的な立場であるとしましょう。そして訪問先のお客様から、次のようにいわれたら、どうしますか？

お客様

「いまの状態で、女性活躍の推進なんかしたって、結局、うまくいくわけがないんだよ。男性だって内心は『いまのままでいい。余計なことをして』と思っているんじゃないのかな」

結論からいうと、こんなときは、次のようなトークをすると事態が好転していきます。

【否定的な話をされたときのトーク例】

●「さすが、するどいですね！　おっしゃるとおり、やみくもに女性活躍の推進をしたところで、うまくはいきませんよね。○○さんのように、課題意識をもって日々、仕事に取り組んでおられる管理職がもっと増えれば、多くの企業様でさまざまな課題が解決されるはずです！」

●「課題を見て見ぬふりをする人は多いものです。実際に、『課題に向き合いたがらないメンバーが多い』とクライアント先の管理職の方も嘆いています。きっと○○さんは、課題意識をきちんともって、改善に取り組むようなメンバーを育成されておられるのでしょうね。まさに、いまの時代のお手本のような管理職のイメージです！」

ポイントは、ネガティブなことをいわれた際に、まずはお客様の意見に同調することと、そうした問題意識をもっていることに対して**「感服いたします」**と光を当てるところにあります。

おもしろいもので、このようなトークをすると、自然と「ネガティブな話をしている自分が格好悪い」という心理がお客様のなかに働くようで、前向きな話に変わっていきます。

ぜひ、あなたも試してみてください。

一生使える
33

# こだわりが強いうえに要望が多すぎる！

こだわりが強いうえにさまざまな要望をもっているお客様がいらっしゃったとします。すべての要望をかなえられればいいのですが、現実にはそううまくはいきませんよね。
では、そんなときはどうすればいいのか？

**【要望が多いお客様に対して優先順位づけを行うためのトーク例】**

- 「本日は、○○様の率直なお気持ちや、貴重なお話をいろいろと伺わせていただきまして、誠にありがとうございます。あえて優先順位をつけるならば、一番外せないポイントなどはいかがでございますでしょうか？」
- 「ここだけの話をいろいろとお伺いできて本当によかったです。○○様にとって、そのなかでも一番重視されたい点はどこでいらっしゃいますか？」

まずは、ふだん以上に丁寧にお客様のこだわり、要望を聞きましょう。

そのうえで、優先順位づけを一緒に行います。

そして最重要ポイントをはっきりさせ、実現可能なものなのかどうかを、その場で共有していく――。

このような段階を踏んでいけば、たいていのお客様は納得してくれるはずです。

以前、私が人材採用の営業をしていた頃、採用企業が重視する点をヒアリングしていると、「早く採用したいし、業界経験者がほしいし、人柄がいい人がほしいし」とさまざまな要望をいわれることがよくありました。

「そんな人はなかなかいないです」と現実を突きつけるトークをすれば簡単なのでしょうが、それではお客様に納得していただくことはできません。

そんなとき、私が実践していたのが先の**「優先順位づけトーク」**です。

このトークのおかげで、「欲をいえば30代の経験者がいいけど、これまでの採用を振り返ればやっぱり人柄を優先したい。であれば、未経験でも意欲があり若い方であれば、ぜひほしい」などと、すんなりと話がまとまったことは数え切れないくらいありました。

**お客様と優先順位を共有し、リアルなイメージをもってもらう――。**

要望が多いお客様に対しては、このことに全力を注ぎましょう。

一生使える
34

# 「思いません?」とやたらに同意を求めてくる!

「契約前に少しでも悩みや不安を払拭したい」――そんな思いから、お客様は営業マンに自分の考えや意見が正しいかどうかと同意を求めてくることがあります。

それが素直に同意できるものであればいいのですが、「ちょっと違うな」と感じられるようなときは、返答に窮してしまいますよね。

たとえば、あなたが「この会社には女性の営業職も必要だな」と思っているのに、お客様から次のように同意を求められたらどうしますか?

お客様 「いやあ、やっぱりうちの業界では、営業は男性のほうが絶対に活躍しやすいと思うんだよね。そう思わない?」

こんなときには、次のように返すといいでしょう。

**【お客様から同意を求められ、困ったときのトーク例】**

●「そうですね。男性社会の色彩が強い御社の業界では、たしかに○○様のおっしゃることにも一理あります。それが最近では、企業の生き残りをかけて、少しずつ女性営業の採用・育成にも着手されていらっしゃるところも多々あるようで順調に成果を上げているようです。業界のリーディングカンパニーである御社でも、ぜひ女性営業研修などを取り入れてみられてはいかがでしょうか？」

●「たしかに、○○様がおっしゃるようなことは実際にあると思います。それがここにきて、いまの業界トレンドが少々変わってきているようです。社会や顧客の多様化に合わせて、女性の営業を増やしていこうじゃないかという取り組みもありますので、いまのお考えにプラスされると、よりよくなると思います」

このように**「受け止め＋アドバイス」の2点セット**で伝えると、お客様に安心感を与えるだけでなく、自分の意見を受け入れてもらいやすくなります。

ぜひ試してみてください。

一生使える 35

# いつまでたっても雑談が終わらない！

よほど話好きなのか、いつまでたっても雑談が終わらない……。

お客様のなかには、そんな方もいらっしゃいますよね。

あなただったら、どうしますか？

なかには、「すみません！ 私、次の予定がありますので」と、次のアポがつまっていることを明言し、すぐさま本題に入る人がいるかもしれません。

でも、そのことでお客様が気分を害してしまったらどうでしょう？

当然、その後の展開がぎくしゃくしたものになってしまいますよね。

私の場合、そんな状況になったときには、**「感謝の言葉」**を武器にして本題に入っていくようにしています。

感謝の言葉を切り出すタイミングは、ある程度、会話が途切れたときです。


**【雑談を上手に切り上げ、スムーズに本題に入るトーク例】**

●「いろいろと楽しい話を伺わせていただきまして、本当にありがとうございました。それでは～」
●「○○様のお話に引き込まれ、ついつい時間を忘れてしまいました。いつも、いろいろとお話を聞かせていただき、ありがとうございます。毎回、こちらに来るのが楽しみです。それでは～」
●「○○さんのお忙しいお時間をいただいてしまって申し訳ございません。ついつい楽しくて、お時間をとらせてしまうことになってしまいました。私としてはまだまだお話を伺いたいんですが、そういうわけにもいきませんよね。それでは～」

まずは感謝の気持ちを述べて、話に一区切りをつけます。

そのうえで**「それでは」**などという転換のフレーズを入れて本題に入ることで、気持ちよくお客様も次のステップに移ることができます。

雑談が長いお客様ほど、だれかに話を聞いてもらいたい「寂しがり屋タイプ」だともいえます。

雑談が長いからといって、イライラしたり、いいかげんな対応をしたりせずに、スムーズに本題に入っていきましょう。

一生使える 36

# 一度にたくさんの質問をしてくる！

ひとしきり商品説明が終わった後に、お客様から一気にたくさんの質問をいただくのは、よくあることですよね。

その際は、必ず**「順番回答法」**で答えていきましょう。

この順番回答法とは、文字どおり「お客様が質問をした順番どおりに抜けなく答える」方法のことなのですが、いざ実践しようとすると問題が起こります。

それは、お客様が何を質問したのか忘れてしまう、というもの。

たとえば、お客様からの質問が5つあったとします。

しかし、いくつも質問があれば、記憶だけに頼るのは不安ですよね。

しっかり質問に答えるためにも、要点をメモしておくことをおすすめします。

あまり注目はされていませんが、できる営業マンは手早く要点を絞ったメモをとる**「速記力」**があります。

要点を絞ったメモをとっていれば、お客様が重点を置いて聞きたいと思っている個所の回答が手薄になるようなことを避けられますし、何より「えっと4番目の質問って、何でしたっけ？」とお客様に聞き返すことも防げるようになります。

具体的なトークは、次のようになります。

**【順番回答法を使ったトーク例】**

●「ありがとうございます。ご質問いただきました順にお答えさせていただきます。1つ目の〜につきましては……。2つ目は○○でしたね……。3つ目については……。4つ目は……。そして最後のご質問については……」

シンプルではありますが、このように1つひとつ、質問をいただいた順番を狂わせることがなく答えることができれば、営業マンとして合格です。

お客様にしても、順番にきちんと疑問を解消してくれようとしている営業マンに対して、好感をもつことは間違いありません。

できる営業マンは、**「決して同じ質問を二度いわせない」**のです。

一生使える

37

# 商談をしている時間がほとんどない！

せっかくアポがとれて商談をすることになっても、お客様の時間が限られているなどというケースもけっこう多いもの。

そんなときは、商談の冒頭で次のようにいっておくことが基本です。

**【「○○時までしか時間がない」といわれた場合のトーク例】**

● 「本日はご多忙のなか、貴重なお時間をいただきまして誠にありがとうございます。30、40分ほど、ご一緒させていただきますが、どうぞよろしくお願いいたします」

あらかじめ「今日の商談時間は○分」であるということを共有しておくわけですね。

また、そのようななか、お客様から質問をされることもあります。

しかも、すべてのお客様が質問上手とは限りませんから、あらかじめ時間が限られているのがわかっていても、質問自体が長くなることもあります。

そんなときは、あえて端的に答えるようにしましょう。

**【時間がないお客様からの質問に対するトーク例】**

- 「いま、ご質問をいただいたことに対するお答えとしては2つございます」
- 「その点につきまして、改善できる点は3点ございます」

このように、時間がないなかではテンポよく、要点を絞って話を進めるのが鉄則です。

さて、お客様の質問に簡潔に答えることができたら、最後に次の一言をつけ加えましょう。

**【質問に答えた後のトーク例】**

- 「こちらからの説明は以上でございます。もし、他にご質問等がございましたら、何なりといただけましたら幸いでございます」

時間が限られているとはいえ、疑問点を残さないよう、最後は、他の質問についても答える姿勢を見せておくと完璧です。

一生使える 38

# 「だから?」「それで?」などと冷たく対応される!

私が営業マネジャーをしていた頃、「商品説明をしている最中に『だから?』とか『それで?』などと、お客様から冷たく対応されて、プレゼンがしどろもどろになって困った」という相談をされることが何度かありました。

そこで実際にロールプレイングをして、営業トークを検証してみたところ、そういわれてしまう営業マンには、共通点があることがわかりました。

**それは、回りくどい表現が多い——。**

つまり、お客様から話の先を促される背景には、「用件を端的にいってほしい」「その件はわかったからもういいわ、次は何?」などという心理が働いているということ。

それもそのはずです。

現在は早帰りデーや残業禁止など、時間あたりの生産性や効率性がより求められる時代になってきています。

だからこそ、「お客様=忙しい人」という意識をもって商談に臨む営業マンが求められているのです。

とはいえ、仮にお客様から「だから?・」「それで?・」などといわれたとしても、決してあわてる必要はありません。

**【「だから?・」「それで?・」など効率重視のお客様へのトーク例】**

●「申し訳ありません。わかりにくい伝え方になっていましたね。結論から申し上げますと、～ということでございます」

●「失礼いたしました。端的に申し上げますと、～ということでございます」

回りくどい表現になってしまったことを詫びたうえで、ポイントを絞ってお話しすることを伝えれば大丈夫です。

大切なのは、日頃から「お客様の聞きたいことに端的に答えられているだろうか?・」「長々と先の見えないダラダラした話し方になっていないだろうか?・」の2点を意識しておくことです。

そうすれば、お客様から「だから?・」「それで?・」などといわれるケースは激減することでしょう。

一生使える 39

# 時間つぶしの相手にされているとしか思えない!

「保険の営業で訪問したら、保険とは関係ない話をどんどんしたがるお客様がいて、時間がかかってしかたない。そういう場合、どういうふうに切り返したらいいんでしょうか?」と相談を受けたことがあります。

結論からいうと、そういうお客様であったとしても、手短でもかまわないので、頃合いを見計らって、きちんと商品説明をするのが礼儀です。

「でも、ただ話を聞いてほしいだけで買うつもりなんかないんだから、説明なんかしてもムダなのでは?」と思われるかもしれません。

しかし、営業マンと会っている以上、たとえわずかであったとしても購入する意思はあるはずです。

いずれにしても、こうしたケースでは**「お客様が聞いてほしい話」**と**「自社の商品」**に関連性をもたせた自然な流れで商品説明に移っていくことが大切です。

たとえば、こんな感じです。

**【聞いてほしい話が延々続きそうな場合のトーク例】**

- （話が一瞬途切れた際に）「いま、〇〇様のお話をいろいろと伺いまして、当社でお役に立てることがあるのではと感じまして、とても嬉しくなりました！　簡単にご説明だけさせていただきます。これも何かのご縁かと思いますので、ぜひ、〇〇様のお役に立てればと思っています。ご検討いただければ幸いです」
- 「当社のお客様でも、〇〇様のようなお悩みをおもちの方が大変多いんですよ。ですから、何かお役に立てることがあるのではと、運命的なご縁を感じました！　ぜひご提案をさせてください！」

「聞いてもらいたがり屋」のお客様は、私の経験では**「ご縁」**というキーワードにめっぽう弱いという傾向があります。

したがって、このタイプのお客様には、「ご縁を感じています」ということをトークに散りばめると効果的です。

あなたも、一度試してみてください。

一生使える 40

# のんびり屋のお客様で話が前に進まない！

心理学用語に**「ペーシング」**というものがあります。

これは「相手の話す速さに合わせて、自分も相手と同じスピードで話しましょう」というものです。

それにより相手に安心感をもってもらい、信頼関係を築くということですね。

ところが、話すペースが遅いお客様の場合、営業マンが「そうですよね」「わかりますよ、それ」などと、のんびりと返事をしていると、商品説明もできないままタイムオーバーになってしまう可能性も出てくるので、必ずしも効果的とはいえません。

それでは、話すペースが遅いお客様にはどう対処すればいいのでしょうか？

まず、会話を自然にテンポアップさせるために、営業マン自身のトークのスピードを徐々に速めていきます。

そうすると、お客様のほうが自然と営業マンのペースに合わせて、ペーシングをしてくれるようになります。

話すペースが遅いお客様には、営業マンがお客様にペーシングをするのではなく、お客様にペーシングをしてもらうというわけです。

そして、忘れてはいけないのが、ひとしきり会話が終わったら、話すペースが遅いというお客様のもち味を褒めておくことです。

**【お客様のもち味を褒めるトーク例】**

- 「○○さんとお話ししていると、本当に癒されます。ずっとお話ししていたいくらいで、名残惜しい気持ちでいっぱいです！　今日はありがとうございました！」
- 「いつも、○○さんの品があるところを見習いたいと思っています！　もっと自分磨きをしなければいけないという気持ちになります！」

このように、お客様がマイペースでのんびりしているところをプラスに転換して、さりげなく褒めてみましょう。

お互いにいい気持ちで、商談の最後を締めくくれるようになれますよ。

一生使える
41

# お客様が高圧的で、とっつきにくい！

高圧的で、なかなか心を開いてくれないタイプのお客様を前にすると、急にやる気を失ってしまう営業マンがいます。

しかし、私は高圧的なタイプのお客様ほど、**「トークの波に乗りやすい傾向がある」**と考えています。

波に乗ってもらうコツは**「自尊心を満たす」**こと。

これに尽きます。

そのために大切なのが**「あいづち」**です。

お客様がいったことに対して、自尊心を満たすような「ちょっとだけオーバーなあいづち」を打つようにするのです。

これが絶大な効果を発揮する理由は、「あなたの話を聞いていますよ！」という強烈なメッセージを伝えることができるからです。

**【高圧的なお客様へのトーク例】**

- 「うわー、（軽く拍手をしながら）それは素晴らしいですね！　それ、もっと詳しく聞かせてください！」
- 「（目を見開いて）それって本当の話なんですか！　私、その先がもっと知りたいです！」
- 「（満面の笑みで）○○様がそんな一面をおもちだったなんて、今日それを知ることができたことが一番の収穫です！」

このようなフレーズを使うと、高圧的な態度が徐々に軟化していきます。

高圧的なタイプのお客様からすれば、自分を相手にするとおとなしくなる営業マンばかりを見てきているため、上手に波に乗せてくれる営業マンには好感をもちやすいのです。

そして、「もっと聞かせてください！」とかつぎながら、話を深掘りしていくと、喜んで笑ってくれるお客様もいます。

そうなれば、自分まで楽しくなってくるから不思議ですね。

高圧的なお客様は苦手だと感じているのが営業マンの大多数です。しかし、「売れる営業」になるためには、ときには一般の営業マンの逆をいく勇気も必要なのです。

一生使える 42

# 「話しているうちにお客様がヒートアップしてきた！」

会話の最中に、お客様から悩みや課題を打ち明けられた。しかも、その問題はすぐには解決できそうにもない。そして、徐々にお客様がヒートアップしてきた……。

こんなとき、「売れる営業」は、「ズバリ、悩みの答えはこれですよ！」といわんばかりの決めつけトークは絶対にしません。

そのかわりに、いま、この場では解決を急がず、沈静化を図るフレーズを上手に取り入れることで、お客様の心を癒したり、勇気づける役割に徹します。

**【ヒートアップしたお客様の沈静化を図るトーク例】**

- 「○○様のおっしゃるように、一朝一夕では答えが出ないこともありますよね」
- 「長いこと仕事を続けていたら、悩みはつきものですよね。悩みを解決したら、次の悩みが出てきて、本当にその繰り返しですよね」

お客様を沈静化することができたら、次にするべきことは共感、同調です。

**【ヒートアップしたお客様に共感を示すトーク例】**

- 「私も、○○さんの立場なら、きっと同じように感じると強く思います」
- 「○○さんのお気持ちに、とても共感しました。涙が出そうになります」

最後は、お客様を応援する立場を示すフレーズを使います。
ただし、あくまで傍観者だという点は忘れないようにしましょう。

**【ヒートアップしたお客様を最後に勇気づけるトーク例】**

- 「○○さんだったら、きっとうまくいかれると思いますよ！　心より応援しています！　また進展があれば、ぜひ聞かせてくださいね！」

沈静化↓共感↓応援。
この流れでトークをすれば、きっとお客様も冷静さを取り戻してくれることでしょう。

## 第4章
# 「転換トーク」のエッセンス

◎自慢話が長いお客様には「また、次回に聞かせてください」というと効果的です。

◎否定的な話には、同調したうえで問題意識や意見に対して光を当てるトークをしましょう。

◎要望が多いお客様には「優先順位づけ」をしてあげると、話が早くまとまります。

◎自分と意見が違うときは「受け止め+アドバイス」の2点セットで臨みましょう。

◎雑談が止まらないお客様には感謝の言葉と「それでは」というフレーズが効果的です。

◎お客様の質問にはきちんと順番に答える。そんな姿勢がお客様の好感度を高めます。

◎時間が限られているときは、テンポよく、要点を絞って話を進めるのが鉄則です。

◎回りくどい表現を使ってお客様をイライラさせていないかをつねに検証しましょう。

◎どんなにお客様のムダ話が多くても、きちんと商品説明をするのがマナーです。

◎のんびりしているお客様には、ページングをしてもらえるようにテンポアップしましょう。

◎高圧的なお客様は、上手に波に乗せてくれる営業マンに好感をもつ傾向があります。

◎沈静化↓共感↓応援。ヒートアップしたお客様には、この流れで接しましょう。

第5章

# 驚くほど「ヒアリング」「プレゼン」がうまくいく！

## ――商談トーク

営業の基本は、お客様の課題や悩みを知り、解決するところにあります。ヒアリングやプレゼンの達人になれば、すぐにプロの営業マンとして認められ、「あなたから買いたい」と信頼を寄せてもらうことも夢ではありません。この章では、私がこれまで実践してきた数多くの商談トークから厳選した事例をご紹介します。ここでお話しすることを参考に、あなたも、いち早く、お客様の課題や悩みをつかんで、次のステップに進める営業マンになりましょう。

一生使える

43

# 「お客様との一体感を生み出す最強のフレーズ」

トップ営業は、言葉の使い方にとても神経を使っています。

たとえば、普通の営業マンは「します」「いたします」という表現をよく使用しますが、トップ営業ほど使用頻度が少なくなります。

それは、**「お客様との良好なかかわりを強調するトーク」**を重視しているからです。

では、どんな表現をすればいいのでしょう?

**答えは、「させていただく」という表現です。**

考えてみてください。

「します」「いたします」と比べて、「させていただく」という言い回しのほうが謙虚さが伝わりますよね。

つまり、「させていただく」は、お客様に「この営業マンとかかわって一緒に物事を進めている」という、一体感をもってもらいやすくなるフレーズなのです。

**【お客様との良好なかかわりを感じさせる「させていただく」を使ったトーク例】**

- 「またご一緒させていただくことを心より楽しみにしております」
- 「ご要望いただきました御見積書をお送りさせていただきます。何とぞよろしくご査収くださいませ」
- 「貴重なご意見をありがとうございます。それができるかどうか、じっくり検討させていただきます」

もともと「させていただく」という表現は、相手に許可をもらったうえで物事を進めていくという意味があります。

いずれにしても、このような一言で、お客様に強引に買わされる心配はないと感じてもらうことは本当に大切です。

「させていただく」を上手に使うことで、お客様の警戒を解くヒアリングやプレゼンを実践しましょう。

そうすれば、お客様の不安もとり除かれ、一体感が生まれることでしょう。

一生使える 44

# こんな口癖は営業マンの価値を下げるだけ

あなたは、「すいません」「ごめんなさい」が口癖になっていませんか？

営業マンのなかには、「すいません、いまお電話大丈夫ですか？」「すいません、ここにサインをお願いします」などとトークの枕詞にして話をしている人がいます。

私からすると、「すいません」を連発する営業マンほど、「最初に謝るフレーズをいっておけば、後は何をいっても許されるだろう」と考えているように思えてなりません。

基本的には、営業活動において**「気安く謝る場面はない」**と考えておきましょう。

つまり、お詫びをする場面では、「すいません」「ごめんなさい」では軽すぎるということです。

それに、お客様からすれば、「すいません」「ごめんなさい」の後に続く営業マンのトークというのは、言い訳に聞こえます。

それでは、営業マンとしての価値も下がる一方です。

では、お詫びをする際にどんなフレーズを使えばいいのかというと、代表格は、**「申し**

**訳ございません」**です。

だからといって、「申し訳ございません」を連発するのも芸がありません。

私の場合、お詫びの言葉として以下のフレーズを使うようにしています。

**【よく使うお詫びのフレーズ例】**

- 「心よりお詫び申し上げます」
- 「ご連絡が遅くなりまして大変失礼いたしました」
- 「平にご容赦くださいませ」
- 「ご多忙の折、お手数をおかけいたしまして、誠に恐縮でございます」
- 「ご心配をおかけいたしまして、大変申し訳ございません」

バリエーション豊かなお詫びのフレーズを身につけて、お客様とのしこりが最小限になるように努めるのも営業マンの大切な役目です。

一見、便利なように思える「すいません」「ごめんなさい」は封印しましょう。

一生使える 45

# 「この一言がお客様のモチベーションを一気にしぼませる」

知人がマンションの購入を検討していたときの話です。

彼は、不動産の営業マンに、「自営業なので住宅ローンが通るかどうかわからないのですが、どうすれば通りますか?」と悩みを打ち明けたところ、「通るかどうかは、オールオアナッシングですよ。やってみなけりゃわかりませんから!」といわれて、「突き放された気がして、買うモチベーションが薄れた」と嘆いていました。

オールオアナッシングとは、100か0という意味です。つまり、すべてを手に入れることができるか、何も手に入らないか——。まさにバクチの世界です。

オールオアナッシングのように、「イチかバチか、結果は神のみぞ知る」といったたぐいの責任回避を思わせるようなフレーズは、投げやりな営業マンという印象を与えますから極力避けたいものです。

第三者として、事態を傍観しているように思われかねません。

ハッキリと答えにくい質問をいただいたとき、かつ、「雲行きがあやしいな」「難しいかもしれないぞ」というお客様に対して「オールオアナッシング」などというのは、本当に最後の手段です。

そのような場合は、「精いっぱい頑張らさせていただきますが、ご期待に添えないケースもございます」などと事前にお伝えして、リスクヘッジしておくといいでしょう。

**【審査などでお客様が不安な場合のトーク例】**

● 「もし万が一このたびのローン審査が通らなかった場合でも、最後まであきらめずに他社を探すなどして尽力してまいります。ですから、前向きに考えていただけましたら幸いです！」

● 「若干厳しい面があるかもしれませんが、一度試してみられる価値は十分にあるかと存じます。他の方法をお考えになるのは、それからでも遅くはないかと存じますので、よろしければ、一度審査にかけてみられませんか？」

「オールオアナッシング」などと横文字でサラッと切り捨てるのではなく、ダメなときも想定し、その場合のフォローについてまで考えておいてこそ、正真正銘のプロの営業マンなのです。

一生使える

46

# お客様に難題をいわれたときは、この話法を使おう

あなたは、他人から**「まさに○○さんのおっしゃるとおりですね！」**といわれたら、どんな気持ちになりますか？

人は、自分の意見に同意・共感をされると、親近感を覚え、とても安心します。

これは営業トークでも同じです。

同意・共感することで、お客様を気持ちよくさせることができます。

と同時に、営業マンの意見を受け入れやすくする効果もあるので、まさに一挙両得です。

具体例で考えてみましょう。

たとえば、お客様から「安さと品質の両方を求めているんです」と難しい要望を出されたら、どう答えればいいのでしょうか？

**【お客様から難題をいわれたときのトーク例】**

● 「○○様のおっしゃるとおり、費用対効果は大切ですよね。実際に、それを実現し

ていくための、私からのご提案なのですが～」

内心では、「少々難易度が高い」と思っている場合でも、「〇〇様のおっしゃるとおりです」といったん受け入れたうえで提案をするのがうまくいくコツです。

ちなみに、営業の場面では、この「おっしゃるとおりです！」に**「質問」**をプラスしてトークを展開するのも効果的です。

**【「おっしゃるとおり＋質問」を使ったトーク例】**

- 「先ほどの△△の件、まさに〇〇様のおっしゃるとおりですね！　どのようなご状況でいらっしゃるのか、さらに詳しく伺わせていただいてもよろしいでしょうか？」

このように「おっしゃるとおり＋質問」を使えば、営業マンにとって聞きにくい話も引き出しやすくなります。

「おっしゃるとおりです」は、とても便利なフレーズです。

あなたも、このフレーズを縦横に使いこなせるよう日頃から準備しておきましょう。

一生使える 47

# 自分のストーリーにはまらないお客様への絶妙トーク

優秀な営業マンとは、自分のストーリーにお客様を引き込むことができる人。

そう考えていませんか？

しかし、トップ営業は決して自分のストーリーに引き込もうとしたりはしません。

むしろ、お客様が話したいストーリーから外れないように上手に軌道修正しながら、話を進めていく力に長けています。

まずは、次の例をご覧ください。

お客様「この一番安いAの商品で十分かなと思ってまして」
営　業「Aの商品ですか？　私がおすすめするのは、当社で一番人気のBの商品です。こちらがそれになりますが、資料はご覧いただけましたでしょうか？」

じつはこれ、大変まずい展開です。

なぜなら、お客様に興味がある商品があり、聞きたい気持ちがあって話し始めたにもかかわらず、営業マンが強引に自分の進めたい方向に話をもっていってしまったからです。

これでは完全にモチベーションダウンにつながります。

トップ営業だったら、次のように話すことでしょう。

**【自分のストーリーにはまらない場合のトーク例】**

●「さすが○○様、目のつけどころがよいですね！　おっしゃるようにAもおすすめの商品です。よさは～なところだと多数のお客様にご支持をいただいております。先日のお話を伺う限りでは、Bの商品も○○様のお悩みを解消できる商品だと感じておりました。じつは当社で一番の人気商品でございまして、ご提案させていただければと思っておりました。（パンフレットを見せながら）こちらでございます」

このように、お客様の興味の対象になっている商品のよさを伝えながら、おすすめしたい他の商品をプラスアルファで提案すれば、お客様の興味を損なうことなく、別の選択肢を与える広がりのあるプレゼンができるようになります。

どちらの商品を選ぶにしても、お客様は納得して契約してくれることでしょう。

一生使える

48

# 「同業他社も回っているんですよ」にはどう対処する？

お客様が同業他社の商品と比較検討しているケースはよくあるものです。

「競合」がいるというわけです。心中穏やかではいられませんよね。

しかし、お客様が他社も回ったうえで、あなたのところに来ているというのは、言い換えれば**「他社に決めきれない」**からということです。

したがって、まずは「いつ頃スタートしようと考えていて、どんなものがいいと思っていて、なぜ、他社では決めなかったのか？」を把握できるとスムーズに話が進みやすくなります。

他社で決めるため、社内稟議の関係で「相見積もり」の収集のためだけに来社されているのかもしれません。先に行った他社があまりよくなくて、もっといいところを探しに来ているのかもしれません。

営業マンとしては、真実を知りたいですよね。

こうしたケースでは、それぞれ**「現時点では、どのようにお考えなのか？」**という切り口から聞き出すといいでしょう。

**【相見積もりの収集のために来ているお客様へのトーク例】**

●「さようでございますか。△△社様のどのようなところがよいと思われたのでしょうか？　ぜひお聞かせいただけましたら嬉しいです。それと、ここだけの話、ご予算はどれくらいでと、お考えでいらっしゃるのでしょうか？」

**【同業他社の商品に不満をもっているお客様へのトーク例】**

●「さようでございますか。このたびは、どのような点を重視していらっしゃるのでしょうか？　ぜひ率直なところをお聞かせいただけましたら幸いです」

ポイントは、あくまでもお客様の現状を客観的に把握するところにあります。

仮にお客様が同業他社への不満を口にしたとしても、それに同調してはいけません。

**現状を把握し、自分のできることをきちんと検討し、提案する**――。

そうすれば、きっとお客様からの信頼がアップし、あなたの話に積極的に耳を傾けてくれることでしょう。

一生使える 49

# 商品・サービスのデメリットをデメリットと感じさせない伝え方

営業マンなら、自社の商品やサービスに関するネガティブな話は避けたいと思うのが当然でしょう。

ところが、「売れる営業」ほど、**先にネガティブな情報を出しておき、後からおすすめポイントを思う存分プレゼンする**という営業スタイルをとっています。

その理由は2つあります。

1つ目は、商品のデメリットを早い段階で包み隠さずに教えてくれたということで、「この営業マンのいうことは信頼できる」とお客様の心の扉を早々に開くことができるから。

2つ目は、悪い情報を隠してしまうと、後でそのデメリットに気づいたお客様を落胆させてしまうからです。挙げ句の果てには、その商品のメリットですらメリットに感じられないようにしてしまいます。

**商品やサービスのデメリットは、あえて先に伝える——**。

勇気のいることですが、そうしたほうが結局はうまくいくのです。

では、どのように伝えればいいのか、具体例を見ていきましょう。

**【ネガティブポイントを伝えるときのトーク例】**

- 「この商品は繊細なつくりになっておりますため、通常の商品よりも若干壊れやすいという点がございます。そのぶん、フォルムが大変美しく、入荷待ちが出るほどの人気商品でございます」
- 「こちらの商品は、少々お高めではございますが、これまでの3倍以上の耐久性に優れている最新のおすすめ商品でございます」
- 「燃費はこちらの商品のほうが○○だけ悪くはなりますが、安全性とデザイン性では群を抜いてご支持をいただいているロングセラー商品でございます」

ネガティブポイントを伝える場合は、このようにサラッとトークのなかに組み込んでいきましょう。

後からしぶしぶ伝えるよりも、はるかに好印象を残すことができますよ。

一生使える 50

# 大人数の前でのプレゼンは最初の「つかみトーク」が肝心

営業をしていると、複数のお客様を相手にプレゼンしなくてはならないこともあるでしょう。

その場合は、つかみを確実にするため、まずは先方の**「知識レベル」**や**「目的」**を把握しておくことが大切です。

営業マンが説明する商品やサービスについて、よく知っているのか？ 知らないのか？

そもそも、お客様の目的は何なのか？

その返答によって、プレゼンの内容やレベルを変える必要があるからです。

「難しすぎて、わかりにくい」「そんなこと、とっくに知ってるよ。プレゼンのレベルが低いな」などと相手から思われることは避けたいですからね。

たとえば私が研修のご依頼をいただくときなど、次のような感じで担当者から情報を収集するようにしています。

私　「今回の女性活躍推進においての社内プレゼンの位置づけは、どのようなものですか？」

担当者　「今回のプレゼンは、ただ単に普通にすればいいというわけじゃないんです。上層部を説得して、女性活躍推進の了承を得たいと思っている、すごく大事な場です。とはいえ、上司や役員はあまり知識がないんです。うちの会社が同業に比べて遅れているということを、山本さんからもぜひいってほしいんです！」

このように事前に情報収集しておけば、そのプレゼンで最初に何をいえばいいのか、どう話を展開していけばいいのかをイメージしやすいですよね。

逆にいえば、プレゼンの目的やゴールイメージを共有していないと、プレゼンで一本筋を通して、先方の進みたい方向に向けてのストーリーを描くことが難しくなります。

プレゼンの位置づけを担当者とすり合わせておきましょう。そうすれば、効率的な段取りが可能になりますし、互いにとって実のある時間を過ごすこともできます。

1対複数のプレゼンの場合は、面倒くさがらずに事前に情報収集をすることを習慣づけましょう。

第5章

## 「商談トーク」のエッセンス

◎「させていただく」はお客様との一体感を生み出す最強のフレーズです。

◎営業マンの価値を下げる「すいません」「ごめんなさい」は封印しましょう。

◎「オールオアナッシング」で片づける営業マンに、お客様からの信頼は生まれません。

◎「おっしゃるとおり＋質問」で、営業マンにとって聞きにくい話を引き出しましょう。

◎自分のストーリーに当てはまらないときは、別の選択肢を与えるイメージをもちましょう。

◎同業他社を検討しているお客様に対しては、まずは現状を把握することが大切です。

◎「ネガティブ情報は先に、おすすめポイントは後に」が「売れる営業」のスタイルです。

◎1対複数のプレゼンでは、「知識レベル」や「目的」を事前に把握しておきましょう。

第6章

# 必ず「次」につながる、展望が大きく開ける！

## ——別れ際トーク

営業においては、一度きりの商談で契約していただけることばかりではありません。むしろ、何度も訪問したり、商談を重ねなければならないことのほうが多いでしょう。

「別れ際」にキラリと光るトークができると、「また相談したい」と次回の商談のチャンスをもらえる確率がグンと高まります。この章でご紹介する「別れ際トーク」を実践すれば、あなたもワンランク上の品格がある営業マンの仲間入りです。

一生使える

51

# 「失礼します」で終わるのは二流の営業。では、一流の営業は？

お客様は、営業マンの**「去り際」**を意外とよく見ているものです。

あなたは、お客様との別れ際に何と声をかけていますか？

一般的には、「それでは、失礼します」といってお客様に別れを告げる営業マンが多いようですが、それだけでは不十分。

何気ないワンシーンであっても、しっかりと「次」につなげておきたいですよね。

プロとして、感じのいいフレーズを使うようにしましょう。

**【お客様からの好感度を上げる去り際のトーク例】**

- 「○○様に、またお目にかかれます日を楽しみにしています」
- 「本日はお会いできて、とても嬉しかったです。またいろいろと勉強させてください！」
- 「お話をお伺いできて、とても楽しかったです。今度また、ご家族旅行の話を聞か

## せてくださいね」

このように「次」につながる言葉をトークのなかに入れておくことがポイントです。

そうすれば、『また会いたい』といってくれた人だから、ムゲにはできないな」という心理がお客様のなかに自然に芽生えてきます。

こちらとしても、メールや電話などが断然しやすくなりますし、次にお会いしたときも、お互いにいい雰囲気から商談に入ることができるでしょう。

**そう、去り際の一言に気をくばるだけで、その後の展望がグンと開けてくるのです。**

ときには、商談が不調に終わることもあるでしょう。

しかし、そんなときでも「またお会いできる日を心より楽しみにしております」というようにしましょう。

別れ際の爽やかな一言があれば、将来、必要が生じたときに真っ先に連絡をしてくれる確率も高まります。

本題が終わって緊張が解けている去り際こそ、気持ちにひびくトークが求められるのです。

一生使える

52

# 「いい返事を期待していますよ」といわれたら、こう返そう

新人営業マンに同行をしたときの話です。

商談の終盤になって、突然、営業マンの口数が少なくなりました。

会社に戻る途中、疑問に思った私が理由を尋ねると、お客様が商談の終盤に何気なく発した「○○さん、いい提案を期待していますよ」という一言にプレッシャーを感じているとのこと。

結論からいうと、プレッシャーに感じる必要はまったくありません。

なぜなら、お客様の言葉の裏には、「これからもいいおつき合いがしたい」という意味が込められているから。

そんなときは、こんな一言を投げかけましょう。

**【最後に期待の一言を投げかけられた際のトーク例】**

●「そのように前向きなお言葉をおっしゃっていただけて、とても嬉しいです。私も

○○様とご一緒させていただける日を楽しみにしております」

●「ありがとうございます。精いっぱい、私のできる限り尽力いたしますので、引き続きおつき合いのほど、よろしくお願いいたします。あらためてご連絡させていただきますので、どうぞよろしくお願いいたします」

●「そのようなお言葉をいただけて大変光栄です。ご期待を裏切らないよう精いっぱい努力いたします！」

「期待しているよ」といわれたことに対する感謝の気持ちと自分の意気込みを堂々と話せばいいのです。

また、案件によっては、社内で調整が必要な場合があるかもしれません。

そんなときは、「率直なお言葉、ありがとうございます。上司にも相談させていただき、私でできる限り、尽力させていただきます。引き続きよろしくお願いいたします」という具合に**「上司への相談」**というフレーズも加えるようにしましょう。

自分ですべてを決められないようなことについて安請け合いをするのは禁物です。

一生使える
53

# 断られたときこそ営業マンの真価は表れる

お客様が、期日を過ぎても返事をくれない……。

こんなとき、あなたならどんなフレーズから会話をスタートさせますか?

普通の営業マンなら、「月末までにお返事をいただけるということでしたが、いかがでしょうか?」という会話からスタートすることでしょう。でも、「売れる営業」は違います。

**【期日までに返事をくれないお客様へのトーク例】**

●「先日はお忙しいなか、貴重なお時間をいただき、ありがとうございました。月末までにとお約束いただいておりました、お返事につきまして、いかがかなと思いましてご連絡させていただきました」

このように、必ず感謝とお礼の気持ちを伝える会話からスタートさせているのです。

これは、いい返事をもらえなかったときも、まったく同じです。

**【お客様から断られたときのトーク例】**

●「かしこまりました。最後までご検討いただきまして、誠にありがとうございます。またの機会にご一緒できますことを心より楽しみにしています」

●「最後までご尽力を賜りましてありがとうございました。心よりお礼申し上げます。皆様にもどうぞよろしくお伝えくださいませ」

結果はどうであれ、検討してもらえたことに対して感謝の気持ちを伝えるわけですね。

とくに法人営業の場合、せっかく先方の担当者が社内で稟議を上げてくれたのにもかかわらず、ダメだったということはよくあります。

そんなときでも、担当者が動いてくれたことに対して感謝の言葉を伝えましょう。

「こちらの立場をよくわかっているな。この営業マン」と記憶に残してもらえますし、お客様に心くばりができる営業マンであれば、必ず次のチャンスも生まれてきます。

そう、そんな素敵な営業マンに運気は舞い込んでくるのです。

一生使える
54

# 「売れる営業」は感謝で始まり感謝で終わる

お客様に感謝の気持ちやお礼の気持ちを伝えるのは、営業マンとしてごく当たり前のことです。

たとえば、商談の最初に「本日はお時間をいただきましてありがとうございます」と感謝の言葉を述べるのは、どの営業マンもできていることでしょう。

ところが、商談の締めくくりの場面ではどうでしょうか？

商談が進むと、営業マンの頭のなかは、契約が決まるかどうかでいっぱいになっていきます。

そのため、商談後は、「ぜひ、よろしくお願いいたします！」というトーク一辺倒になりがちです。

当然のことながら、これではお客様もげんなりしてしまいますよね。

そんなときは、次のようなトークをさりげなく伝えて好印象を残しましょう。

**【お時間をいただいたことに対するお礼のトーク例】**

- 「本日は、ご多忙のなか、貴重なお時間をいただきましてありがとうございました」
- 「繁忙期に、長々とお時間を割いていただき、心よりお礼申し上げます」
- 「お休みの前にもかかわらず、日程をご調整いただきまして感謝申し上げます」

商談の最初だけではなく、商談の最後にも時間をいただいたことへのお礼をいって締めくくるのが礼儀です。

お客様の貴重な時間をいただいて商談が成立するのです。

そのことをわかっている常識ある営業マンだとあらためて認識してもらうためにも、時間を割いていただいたことにお礼の気持ちを伝えましょう。

商談の最初にだけしかいわないようでは、お客様によっては、「いい話にしようと下心があるときだけ、『お時間をいただいてありがとうございました』という、調子のいい営業マンだ」と思われかねません。

**商談の最初と最後は、必ず時間を割いてくれたことへのお礼の気持ちを伝える――**。

これがきちんとできている営業マンは意外なほど少ないので、これを習慣にすれば、あなたへの好感度もずいぶん上がることでしょう。

一生使える
55

# 雲行きのあやしい商談ほど可能性は無限大

「今日は時間がないんですよ」

「今日は買う予定ではなくて、見に来ただけなんですよ」

「まだ正式な話ではなくて、他社の話も聞いて、いろいろと比較検討しようと思っているんですよ」

このように、「すぐには買わない」と知ったとたん、「うざい客が来た」と過敏な反応をしてしまう営業マンがいます。

たしかに購入を決めてしまっているのであれば、営業マンの入り込む余地はありません。しかし、「すぐには買わない」ということは、**「いずれは買う」**可能性があるということです。

だとするなら、「これから一緒に決めていける可能性がある。相談に乗るところからスタートできる」ということに喜びを感じたほうが、はるかに有意義だと思うのですが、いかがでしょう？

私だったら、このようなトークを展開します。

**【「すぐには買わない」お客様へのトーク例】**

● 「ちょうどよかったです。早い段階からご相談いただいたほうが、御社にとってより最適なゴールイメージをもっていただけます。こちらとしても嬉しいです。当社もそういったお客様が多いのが特徴です。どうぞご安心くださいませ」

● 「今日はお時間のないなか、ご来社いただきまして、誠にありがとうございます。限られた時間ではございますが、○○様のお役に立てますよう精いっぱい努力しますので、よろしくお願いいたします！」

● 「いま、ご検討段階ということでございますね。安い買い物ではありませんので当然です。私もすぐにご契約ということではなく、ご納得いただき、○○様に最適な商品を一緒に見つけてまいりたいと存じますので、どうぞよろしくお願いいたします」

このように、雲行きのあやしい商談こそ、焦らず、丁寧なトークで臨みましょう。そんなあなたに、きっとお客様は心を開いてくれるはずです。

一生使える
56

# 「明日は土曜日ですね。どこかに行かれるんですか?」は使えるのか?

営業「明日は土曜日ですね。どこかに行かれるご予定はおありですか?」
お客様「ああ。まあ買い物にでも行こうかと……」
営業「買い物ですか。いいですね。どちらに行かれるんですか?」
お客様「……とくには決めてないんだけどね……」
営業「私はいつも◯◯に行くことにしているんです。けっこうおすすめですよ」
お客様「……」

商談が終わって雑談になったときに、このようにお客様に週末の予定を尋ねる営業マンを見かけることがあります。

その背景には、仕事以外の話をすることでお客様との距離を縮めようという思いがあるのかもしれません。

しかし、なかには**「気心が知れないうちからプライベートなことについては話したくな**

**い」**と思っているお客様もいるので注意が必要です。

あるいは、口に出さないだけで、「彼氏、彼女と別れたばかりで予定がない」「仕事で疲れて外出する気がない」などと内心では思っているかもしれません。

週末の予定を聞いて、いい展開に話が進む確率は五分五分でしょう。

したがって私の場合、「土曜日はお休みですか？」と聞くことはありますが、予定を聞くようなことはしません。

具体的には、こんな感じです。

私　「週末はお休みですか？」

お客様　「はい。久しぶりに2日間とも休みです」

私　「よい週末をお過ごしくださいませ」

プライベートなことについては、お客様のほうから話さない限り、こちらからはあまりあれこれ聞かないほうが無難なのだということを覚えておきましょう。

一生使える 57

# 商談が消化不良で、結論が出なかったときの締めくくりトーク

商談をした結果、「もう一度、いただいた資料をよく読んでみます」とお客様からいわれてしまった……。

こんなとき、あなたならどうしますか?

なかには「お客様が『検討します』といっているんだから、黙って引き下がるしかない」と考える営業マンもいるかもしれませんね。

たしかに、なぜお客様が「検討します」といったのか、その理由がわかっている場合はそれでいいでしょう。

しかし、理由がわかっていないような場合は、勇気を出して、しっかりと消化不良の原因が何なのかを聞くことが鉄則です。

**【商談後、結論が出なかった際のトーク例】**

●「私の説明のなかで、わかりにくかった点がございましたら、ぜひ、おっしゃって

くださいし」

●「ひっかかっていらっしゃる点は、どのようなところでございますでしょうか？」

●「疑問点がないようにしていただきたいと考えておりますので、どうぞ何なりとご質問ください」

●「ささいなことでもかまいませんので、気になる点をご指摘ください」

●「先ほどの○○の件につきまして、補足がございますが～」

商談が不調に終わったからといって、投げやりになったり、放置するのではありません。一歩踏み出して疑問点や不明点を聞き、それにしっかり答えましょう。

大切なのは、お客様の疑問点がなくなり、**「今日は話が聞けてよかった」**と、スッキリと爽快な気持ちになってもらえるかどうかです。

仮にお客様から疑問点が出なかった場合も、自分から補足説明をするなど、最後まであきらめずにチャレンジしましょう。

うやむやな状態のまま商談を終わらせることは、決してしないようにしましょう。

一生使える 58

# お客様の心に残るお礼状・お礼メールには理由がある

お客様との商談後、すぐにお客様の入っているビルのポストに、お礼状を投函して帰る営業マンがいます。

「お礼はスピードが命。早ければ早いほどいい」と提唱する人もいますが、私はおすすめしません。

なぜなら、すぐにお礼状が届くことによって、かえってお客様は「この手法でだれにでも出しているんだな」と興ざめするものだからです。

私は、1日、2日たってからお礼状を送ったり、お礼のメールをする、といった具合に、ちょっと余韻をつくったほうがお客様の心に残ると考えています。

もっといえば、1日、2日後にくるから、「ああ、そうだったなあ」と思い出していただけるのです。

手紙やメールの文面は、こんな感じにするといいでしょう。

**【商談後のお礼状の例】**

●「月曜日はお忙しいなか、ありがとうございました。○○様にお会いできて、貴重なお話をいろいろ伺わせていただき、とても有益な時間をご一緒させていただきました。誠にありがとうございました。またご一緒できることを楽しみにしております」

季節にちなんだ記念切手を貼るなど、心を込めて手紙を送るなりしたほうが、ありがたみを感じてもらいやすく、効果も倍増します。

「日を置いてもあなたのことを考えていますよ」と感じてもらえるようにしたほうが、ずっとお客様の心にも残るものなのです。

心理学者のエビングハウスの実験結果によれば、人間は20分後に42%を忘れ、1時間後には56%、1日後には74%、1週間後には77%、1カ月後には79%を忘却してしまうというデータがあります。

1日、2日後に7割以上を忘れてしまうという、まさにその瞬間こそ、お礼状やお礼メールの効果が発揮されるのです。

さっそく試してみましょう。

一生使える 59

# お客様に見送られたとき、何度振り返っていますか？

商談が終わり、お客様に見送られるとき、あなたはきちんと後ろを振り返ってお辞儀をしていますか？

一度も振り返らないという営業マンは、次のアポのことで頭がいっぱいなのか、「ああ、やっと終わった」という安堵感が背中ににじみ出ていることでしょう。

少々きついことをいうようですが、見送られるときに「お客様がどのようにしているか？」ということを気にしない営業マンの成績は、きっとそれなりのものであるに違いありません。

私の場合は、「最低でも5回以上」、お客様に対して振り返りつつ、お辞儀をしながら立ち去るようにしています。

たとえ自分が見送られる側であったとしても、**「最後は見送る」**のが営業マンとしての礼儀だということです。

そのうえで、見送りに来られたお客様に対して、次のようなトークをしましょう。

**【お客様に見送られた際のトーク例】**

●「○○様にお見送りしていただいて恐縮でございます。○○様も、お忙しい最中かと存じますので、どうぞお戻りください」

●「最後まで見送っていただくと、お別れするのが本当に名残惜しい気持ちでいっぱいになります。最後は私に見送らせてください！」

●「今日は楽しいお話をたくさんありがとうございました。まだまだ私も勉強が足りないと痛感いたしました。これからもご指導のほど、よろしくお願い申し上げます。外の気温もずいぶん低いので、ここで失礼させていただきます」

このように、お客様に対する気遣いを見せるのです。

そんな心と心の触れ合いがあるからこそ、お客様とのいい関係が生まれてくるのだと私は信じています。

第6章

# 「別れ際トーク」のエッセンス

◎お客様との別れ際の一言に気をくばれば、好感度がグンと上がります。

◎別れ際の「期待の一言」には、感謝の気持ちと自分の意気込みを堂々と話しましょう。

◎断られたときの態度をお客様は冷徹に見ていることを忘れてはいけません。

◎つねに商談の最後にきちんとお礼をいう。これができている営業マンは少数派です。

◎「すぐには買わない」は「いずれは買う」の裏返し。あきらめるには早すぎます。

◎プライベートに関しては、お客様から話さない限り話題にしないのが正しい対応です。

◎消化不良で結論が出なかった商談は、最後に原因をしっかり聞きましょう。

◎商談後のお礼状やお礼メールは1、2日後に送ることで効果を発揮します。

◎どんなときも、「最後に見送る」のが営業マンの礼儀と覚えておきましょう。

# 第7章

# お客様に心から納得してもらえる！
## ――クロージングトーク

営業に、強引なクロージングはご法度。

だからといって、お客様まかせの放置プレイもNGです。

大切なのは、いかにお客様に「納得感」をもってもらえるかということです。

ここでは、営業マンからクロージングをされていると感じずに、お客様が心から納得をして、「これがほしい！」と思ってしまうようなトークをご紹介しましょう。

一生使える
60

# なかなか決められないお客様の背中を押す究極のフレーズ

あなたは、お客様が契約するかどうかで迷っているとき、どう対処していますか？

この状態を「悪」とする営業マンは、投げやりになったり、イラッとしたりして、雑に対応しがちです。

それに対してトップ営業は、悩んでいるお客様のことを、決して煙たがったり、否定したりはしません。

たとえば、お客様が無言で考え込んでいる場合も、30秒くらいは好意的な表情で、ずっと黙って待ち続けます。

そして、しばらく間を空けてから、**「一緒に頑張りませんか？」**と優しく声をかけ、そっと背中を押して差し上げる――。

そんな器の大きさをもっているから、お客様の心がなびくのです。

決めかねているお客様にどんなトークをすればいいのか、具体的に見ていきましょう。

**【なかなか決められないお客様へのトーク例】**

●「もしお気持ちが少しでも前に向いていらっしゃるようでしたら、思い立ったが吉日ですから。○○様と一緒にぜひ、頑張らせてください」

●「御社内で稟議が通るようにご協力させてください！　社内の資料作成など、私でできる限りのお手伝いをさせていただきますので、一緒に進めさせていただければとても嬉しいです！」

●「真剣にお考えでいらっしゃるからこそ、迷われているお気持ち十分理解しております。一緒に進めるにあたってご不明な点がございましたら、すぐにお答えしますし、よい結果になりますよう、精いっぱいサポートさせていただきます！」

キーワードは、**「一緒に」**です。

そう、二人三脚で進めることを前面に出すのがスムーズに話を進めるコツなのです。

そして、**「あなたの味方ですよ」**ということを、とびきりの笑顔で伝えましょう。

そうすれば、悩んでいるお客様も必ず安心します。

「じゃあ、やってみようかな」と一歩、話が前進する確率が高まってくること間違いなしです。

一生使える

61

# 「もうちょっと安くなりませんか？」には、こう対応しよう

あなたは、「もうちょっと安くなりませんか？」とお客様にお願いされたら、どう答えますか？

個人的には、少しでも安くしてあげたいというのが人情ですが、それにも限度がありますよね。

このような場合は、一気に話を進めるよりも、段階をつけてトークを展開していくといいでしょう。

**【ステップ1　お客様の値引き要請に対するトーク例】**

- 「個人的には、できる限りお安くさせていただきたいという気持ちはございますが、皆様には、こちらのご料金でお願いをさせていただいておりますので、○○様にもご了承いただけましたら幸いでございます」

このように、いったんは値引きなしでも契約をしていただけないかと確認するようにしましょう。

では、それでもダメな場合はどうすればいいのか？

営業マン個人の裁量で、ある程度の値引きが許されていて、かつその範囲内に収まっている場合は、お客様の要望に応じてもいいでしょう。

しかし、そのラインを超えて、お客様が再度値引きを求めてこられたら、ムリして即答せず、次のようにいったんもち帰るのが得策です。

**【ステップ2　お客様からの再度の値引き要請へのトーク例】**

●「難しいかもしれませんが、いったんもち帰らせていただき、上司に相談してみます。ただし、上司と相談した結果、やはり難しいという結果になった際は、何とぞご了承くださいませ」

安請け合いをせず、「できないこともある」とあらかじめいっておくところがポイントです。

さらに、最終的に値引きが難しい場合には、「八方手を尽くしてみたのですが」などと、努力の痕跡を残すことも忘れてはいけません。

**【ステップ3　値引きが難しい場合のトーク例】**

●「社内で多方面にかけあってみたのですが、やはり難しいということになりました。本当に申し訳ないのですが、先日お伝えさせていただきました金額でお願いできましたら幸いでございます」

後はお客様の判断にまかせるしかありません。

仮に契約にならなかったとしても、潔くあきらめましょう。

また、それとは別に、たとえば「１８０万円を１５０万円にしてほしい」といわれたら、次のように間をとった金額を提示する方法も、納得感を引き出すやり方です。

**【ステップ4　値引き交渉でお客様とこちらの間をとる場合のトーク例】**

●「上司に相談しまして、間をとらせていただきたいと考えております。ご契約いただけるということであれば、もともとの値段と、ご希望の値段の間をとらせていただき、精いっぱい頑張らせていただきます。○○様とはぜひご一緒させていただきたいと考えておりますので、くれぐれも他のお客様にはご内密にお願いいたします。上司もよろしくお伝えくださいと申しておりました」

いずれにしても、お客様から値引きの要求をされた場合は、対応に苦慮するものです。
大切なのは、ステップを踏んで対応していくことと、ステップごとに最善を尽くすことです。

**同時に、できないことはできないという勇気をもつことです。**

その商品やサービスが本当にお客様の役に立つと思っているなら、適正な価格で契約してもらうように努力するのも営業マンの務め。

それでもうまくいかないような場合は、そのお客様とはご縁がなかったと割り切る潔さも必要でしょう。

一生使える 62

# 期日を設ければ、お客様の「本気度」が見えてくる

即決できないお客様から、確実にお返事をいただくことができるかどうかで、営業マンの力量が問われます。

**その際に大切なのは、お客様と「約束の日にちを設ける」ことです。**

「人は、約束をしたらそれを守ろうとする」という習慣を利用するのです。

お客様「いま、すぐには決められないんだよね」

営業「では、今月末までにお返事をいただくということでいかがでしょうか?」

お客様「難しいかな。来月1日に役員会があって、そこで決裁をもらおうかと」

営業「さようでございますか。それでは来月2日頃であれば大丈夫でしょうか?」

お客様「そうだね。それくらいなら結果が出てるかな」

営業「ちなみに決裁者様は役員の方なのでしょうか?」

お客様「うん。ある程度は私にまかされているんだけどね」

営業「かしこまりました。それでは私あてまでお電話でもけっこうですし、メールでも大丈夫でございます。ご連絡をお待ちしております」
お客様「わかったよ。それまでに社内で稟議を上げて役員会で頑張ってみる。結果が出たら、あらためて連絡するから」
営業「私でお手伝いできることがあれば、いつでもご遠慮なくおっしゃってください」

まずは、このように約束の日にちを設定します。

きっちりした日にちが難しければ、ざっくりと「じゃあ、今月末までにということで、いったん、お返事をお待ちしておりますので」とおおよその日にちでもかまいません。

目的は、お客様に「だいたい○日までには、しっかりと返事をしなければいけない」と思ってもらうところにあるわけですからね。

また、この会話例でもわかるように、期日を設けると、お客様の本気度がわかったり、だれがキーマンかがわかるようになるメリットもあります。

即決できないお客様が相手なら、**「いつまでに、どのような方法で」**返事をいただけるかをきちんと確認するようにしましょう。

一生使える 63

# 「よくある質問トーク」で、お客様の疑問もスッキリ解消！

即決いただけない際に、「ご不明な点や疑問点があれば、何なりとご質問いただければ」などと質問を投げかけても、明確な返答をもらえないことがあります。

そんなお客様を攻略するカギは、**「よくある質問トーク」**にあります。

**【即決できないお客様のネックポイントを探るトーク例】**

- 「同じ業界の企業様からは、こういうご質問がよくありまして、このようにお答えすることがよくございます。○○様はいかがでございますでしょうか？」
- 「同じような課題をおもちのお客様からは、こういうご質問をよくいただきます」

このように**「よくある質問として〜」**と他のお客様が実際に営業マンに投げかけてきた質問を引き合いに出して答えていくというトークを展開していくことで、話を前進させていくのです。

じつは、明確な質問ができるお客様は、少数派。「どういう質問をしたらいいかわからない」「何を聞けばいいのかわからない」などという状況のお客様のほうが多いのです。

実際、「よくある質問トーク」をすると、漠然としていた疑問のイメージが具体化し、その後から質問をしてくださるお客様もたくさんいます。

「よくある質問トーク」は、営業マンが質問を出して、自分で答えている1人称のスタイルなのですが、その質問と答えを聞くことによって、お客様自身があたかも質問したように感じて、「そういわれたら、そうですよね」と、疑似体験をした気持ちになるのです。

では、「よくある質問トーク」をするには、日頃から何をしておけばいいのか？

**それには、あらかじめ「よくある質問集」を作成しておくことです。**

自分のクライアントだけではなく、先輩、上司などのクライアントからされた質問も集めておくのです。

「○日に、同じような規模の会社と商談があるのですが、○○先輩のJ社では、どういう質問がありましたか？」とあらかじめ情報収集しておくといいでしょう。

多数のケーススタディを用意しておけば、**「よく知ってるな」「経験が豊富だな」**と自分の経験値以上の評価をされるはずです。

一生使える 64

# 急がば回れ。ときには会話を軌道修正する勇気も必要

クロージングの最中に、「ちょっといいですか?」「さっきのあの件ですが」などと、営業マンの話の途中で、お客様が質問してくるときがあります。

あなたなら、どう対応しますか?

×「その件については、後ほど話しますので」

○「○○の件でございますね。こちらでございます」

仮に1回した説明だったとしても、もう一度説明をするのが正解です。

あくまでも、お客様の状況に合わせて対応しましょう。

先に「営業マン自身のストーリーから外れたときこそ、軌道修正力が試されますよ」と説明しましたが、これはクロージングのときもまったく同じです。

主役は、あくまでもお客様。

自分のストーリーから外れたからといって、そのストーリーに固執するようでは営業マンとして失格です。

たとえば、値段の安さで営業マンが押していた場合に、お客様が値段よりも内容に重点を置いていると後からわかったとしましょう。

その際も、やはり軌道修正が必要です。

**【クロージング時の軌道修正トーク例】**

●「金額より内容ということでございますね。失礼いたしました。もう少し早くお伺いしておけばよかったですね。それであれば、少々お値段は変わってまいりますが、個人的に○○様におすすめしたい商品は、来月発売の新商品のこちらでございます。」

このように、お客様の要望に合わせて、クロージングトークプランを立て直す臨機応変さをもてば、お客様にも喜んでいただけます。

もちろん、契約件数もおもしろいようにアップしていくことでしょう。

一生使える 65

# 「なぜ当社に決めていただいたかと申しますと」の契約ストーリーを用意しよう

クロージングをスムーズに進めるうえで、とっておきの方法があります。

**それはズバリ、「疑似契約トーク」**。

具体的には、営業マンがお客様に対して、「他のお客様がどういう理由・経緯で契約に至ったのか」を話すというものです。

そうすると、お客様はあたかも自分が契約したかのように感じてくれるのです。

**【お客様に契約をしたと感じてもらうトーク例】**

- 「○○様と同じように、『高いな』と感じられたお客様にもなぜご購入いただき、大変ご満足いただいておりますかと申しますと～」
- 「ここだけの話、なぜこちらの商品がこれまで○万人以上の方からご愛顧いただいているかと申しますと～」

お客様は、他のお客様がなぜ契約したのかという理由を意外と知らないもの。

だから、その理由が納得できるものであれば、「じゃあ、自分も購入しようかな」と思ってくれやすくなるものなのです。

なお、他のお客様が契約に至った理由を知ることのメリットは、クロージングがスムーズに進むことだけではありません。

**それは、当の営業マン自身が、自社の商品やサービスに愛着が湧いてくる、ということです。**

契約になったお客様の声が蓄積されてくると、「うちの商品って、けっこういいんだな」「こんな感想もあるのか」などといった具合に、自信をもってお客様に商品やサービスをすすめることができますよね。

実際、トップ営業は、自社の商品やサービスに惚れ込んでいます。

あなたも、**「なぜ、自社に決めてもらったのか集」**を作成して、ストックしておきましょう。

きっと強力な武器になるはずです。

一生使える

66

# 契約ありきの強引なストーリーは絶対に語るな

ある広告代理店と取引をしようとしたときの話です。

広告の提案を受け、スケジュール案が送られてきました。

そのとき、まだ検討中なのにもかかわらず、先方の営業マンから「何としても決算を赤字から黒字にしたいので、ごムリなのは重々承知のうえなのですが、今週中に振り込みをお願いできませんでしょうか。御社が契約されないと、今期は赤字になるんですよ」と懇願されたのです。

私も現在は経営者なので、その気持ちもわからないではないのですが、正直、まだ検討中の身としては、答えに困ってしまいました。

結局、おつき合いを見送ることにしました。

その他では、オフィスを探しているときに、「来月の株主総会で株主に報告しないといけないので、月内に決めてほしいんです。何とか契約をお願いします！」と懇願されたこともあります。

これらは営業マン個人の問題だけではなく、『今期の達成がかかってるんですよ！』と頭を下げろ」と教える上司や会社の存在が背景にあるのかもしれません。

しかし、いくら事情があるとはいえ、契約を強引に迫るのはルール違反です。

**「お願い営業」をしているようでは、決して「売れる営業」にはなれないのです。**

例外があるとすれば、馴染みのお客様が、「今月は目標を達成してるの？　来月と今月だったら、どっちがいいの？　あなたの希望に合わせますよ」と懐事情を察してくださった場合のみです。

その際でも、わざわざお越しいただくのは恐縮なので、「私は今月でも来月でもどちらでも嬉しいです！　もし、お気持ちがお決まりであれば、よろしければ、すぐにお伺いします！」と答えるようにしましょう。

営業マンからいくらお願いされたところで、お客様には何もメリットがありません。よほど懇意にしている取引先以外には、逆にお客様に引かれてしまうのが関の山でしょう。

**何度かいっているように、「営業の主役はお客様」です。**

お客様に重荷を背負わせるようなことをいっていないか、いま一度、見直しましょう。

一生使える
67

# 「一段へりくだりトーク」でお客様の自尊心を満たそう

営業成績が上がるにつれ、天狗になってしまう営業マンがいます。

たとえば、クロージング時に反応が鈍いお客様に対して、イラッとした態度を隠しきれず、「それでは、また決まったら連絡してください」と突き放すような態度をとったりするのも、その１つ。

お客様との契約件数が増えるにつれ、知らず知らずのうちに傲慢になっていくのです。

営業マンは、自信をもつことも大切ですが、絶対に謙虚さを失ってはいけません。

契約が少しずつとれるようになってきたときこそ、**「一段へりくだって」**トークするように心がけましょう。

**【クロージングにおける一段へりくだったトーク例】**

● 「今日は、○○様から素晴らしいお話をいろいろと伺わせていただき、心からご一緒させていただきたいという気持ちになりました。御社のますますのご盛栄に向けて、ぜひともお供させていただけましたら大変嬉しく存じます」

●「本日は、○○様の素晴らしいお人柄に触れ、心を打たれました！　ぜひ末永いおつき合いをさせていただけましたら、これ以上嬉しいことはございません」

●「○○様のお話に心より感銘を受けました！　○○様とご一緒させていただけるよう、私もますます精進していかなければという気持ちになりました！　これからもいろいろと勉強をさせていただけましたら嬉しく存じます」

お客様が契約の決断をするにあたっては、勇気がいるものです。

だからこそ、不安な気持ちを理解し、悩みの解決に向けて互いに成長しながら、伴走してくれるような営業マンを望むのは当然のこと。

謙虚に、一段へりくだるトーク力を磨くことで、お客様の自尊心を満たし、かつ「お供します」という優しさを効果的に印象づけましょう。

そうすれば、自然とお客様の心に**「この人なら大丈夫」**という安心感が芽生えてきます。

商品やサービスのなかには、営業マンとしてのあなたも含まれていることを忘れないでください。

一生使える 68

# お客様は「もし、始めるとしたら〜」のイフトークに弱い

「どうしようかな」と考えている最中に、いきなり営業マンから「どの商品にされますか？」とクロージングをされた……。

あなたがお客様なら、どう感じるでしょうか？

多くの人は、なかなか「これにします」とはいいにくいでしょう。

新しいことをするのは、だれにでも抵抗感があります。

ましてや、お金を出すわけですから、慎重になるのはしかたがないことです。

こんなときに、とても便利なフレーズがあります。

それは、**「もし、始めるとしたら〜」**というものです。

**【お客様をプレッシャーから解放するクロージングトーク例】**

- 「A、B、Cと商品のご説明をさせていただきましたが、いかがでしたでしょうか？もし、仮に○○様が始められるとしたら、どれがイメージに一番近い商品ですか？」

## ●「もし仮に、ご一緒させていただけるとすれば、どのコースがよろしいとお感じになられましたでしょうか？」

まず、このフレーズを使うことのメリットは、お客様をプレッシャーから解放してあげられるところにあります。

それだけではありません。

じつは、このトークには契約へ導くためのハードルを下げる効果もあるのです。

私は、これを**「仮クロージング」**と呼んでいます。先にお話ししたように、営業をするうえでお客様に「疑似体験」をしていただくことは欠かせません。

そのため、このフレーズを使うことで、お客様に**「疑似購入」**をしていただくのです。お客様に購入後のイメージをしてもらえれば、もうこちらから「買う、買わない」の二択を迫る必要はなくなります。

そう、よほどのことがない限り、「じゃあ、これを購入します」とお客様のほうからいってくれるのです。

「もし、始めるとしたら～」というイフトークをとり入れることで、「買ってみたらどうなるんだろう？」と、購入後の自分の姿を想像してもらいましょう。

一生使える 69

# 社内審査に通らなかった際のここぞの「お詫び」フレーズ

一生懸命営業をしたのにもかかわらず、営業マン自身の意思に反して、自分の会社の社内審査で稟議が下りずに悔しい思いをしたことがある人もいるでしょう。

お客様の要望に答えられないときは、本当に心苦しい思いをしますよね。

だからといって、間違っても、次のようなストレートな物言いをしてはいけません。

×「社内の審査でアウトでした」

×「審査部に突っぱねられました」

これは、じつに冷徹な話し方です。

下手をすれば、お客様が「『契約しろ』っていったのはそっちだろ!」とお怒りにならないとも限りません。

こんなときこそ、**「心苦しさを伝える言葉」**を添えて、お客様の気持ちに寄り添った丁重なお詫びで誠意を表しましょう。

**【お客様の期待に添えなかった場合のお詫びトーク例】**

- 「せっかくご期待いただいたのにもかかわらず、このような結果になり、誠に申し訳ございません」
- 「私としては精いっぱい努力させていただいたのですが、念願がかなわず大変悔しくてしかたがありません」
- 「八方手を尽くしたのですが……。私も本当に無念でしかたがございません」
- 「このような結果になりましたこと、どうかご寛恕くださいますよう心よりお願い申し上げます」

「すいません」「ごめんなさい」などといった、薄っぺらいフレーズは避けましょう。ふだんよりも、あえて厳かな言葉を使ったほうが、言葉に重みが出て、お客様にも受け入れていただきやすくなります。

ここぞというお詫びの場面で、こうした言い回しができるよう、日頃から声に出して練習しておきましょう。

第7章
# 「クロージングトーク」のエッセンス

◎「一緒に頑張りませんか？」——そんな器の大きさにお客様の心はなびきます。
◎「もうちょっと安くなりませんか？」には段階をつけたトークを展開しましょう。
◎即決できないお客様には「約束の日にちを設ける」と返事をもらえる確率が高まります。
◎明確な質問をいただけないときに備えて「よくある質問トーク集」を作成しておきましょう。
◎お客様に合わせてクロージングトークを軌道修正する臨機応変さは必須の能力です。
◎「疑似契約トーク」をしていると、「なぜ、自社に決めてもらったのか集」が役立ちます。
◎クロージングでは、契約ありきの強引なストーリーは絶対にNGです。
◎「一段へりくだりトーク」で「この人なら大丈夫」という安心感を与えましょう。
◎イフトークで購入後のイメージづけができれば、もう契約は目前です。
◎社内審査を通らなかった際には「心苦しさ」を伝える言葉を添えてお詫びしましょう。

第8章

# お客様からの信頼感がグンとアップする！

## ――アフターサービストーク

お客様に契約してもらえたら、営業の仕事は終わり……。このような考えでは、永遠に「売れる営業」にはなれません。お客様は、むしろ「契約してからがスタート」だと考えています。契約・購入してくれたお客様から、「あなたから買ってよかった」と感謝され、「また、あなたから買いたい」と満足してもらうために、アフターフォローのためのトーク力を磨きましょう。

一生使える 70

# 「それは決まってるんです。ルールなんです」は一生使ってはいけない言葉

以前、テナントとして入っていたオフィスビルの換気窓に、ハチの巣ができたことがありました。

さっそく管理会社に問い合わせてみると、「こちらが撤去する義務やルールはとくにありませんので、御社で手配をしてください」と冷たくいわれ、釈然としない思いをしたことがあります。

いかにも不満そうに、「ハチが悪いんだろう。俺らが悪いんじゃないだろう」という思いが言外ににじみ出ており、こちらとしてはまさに泣き面にハチでした。

その後、話を聞くと、同じビルの上の階も下の階もハチの巣だらけになっているというから驚きました。

このケースのように「ルールなんです」「規則ですから」「うちではそういう義務は負っておりませんので」などというフレーズからは、お客様ではなく、自分（営業サイド）重視の姿勢がまざまざと伝わってきます。

不可抗力によってお客様が不都合を被ったとき、お客様の立場や感情面にフォーカスをしたトークをすれば、お客様の気持ちもなだめられるはずです。

冒頭の例でいえば、まずは次のようなトークが望まれます。

**【お客様の立場にフォーカスしたトーク例】**

●「この時期、たまにあるんですよ。お忙しいなか、お手を煩わせてしまい本当に申し訳ございません。業務の支障になったりしていませんか？　スタッフの方など、お怪我はございませんでしたか？」

このように、まずはお客様にとっての不都合を気にするのが営業マンとして正しい対応です。

そのうえで、できることとできないことを誠意をもってお伝えすると、お客様の印象もまったく変わったものになるはずです。

自分の側の事情を押しつけるだけの身勝手な営業マンに未来はありません。

逃げ出したくなるようなときでも、まずは、お客様の事情を考え、**「この営業マンはどんなときも味方になってくれる」**と思われるような存在になりましょう。

一生使える 71

# 「お客様は契約書を読まない」を前提にすることから始めよう

契約後、営業マンに不明な点を質問したら、「契約書に書いてありましたよね？」「マニュアルを読んでいただけましたか？」などといわれた……。

あなたなら、その営業マンに対してどう思いますか？

おそらく、「こんな営業マンと契約しなければよかった」と幻滅してしまうことでしょう。

こんなとき、トップ営業なら、手を煩わせたことにまずお詫びをしたうえで、お客様が困っている理由や不明点を詳しく聞き、最優先で問題を解決しようとします。

**【契約後にお客様から質問をされたときのトーク例】**

● 「〇〇様、いつもありがとうございます。ご不便をおかけいたしまして恐縮でございます。疑問点につきまして、もう少し詳しく伺わせていただいてもよろしいでしょうか？」

疑問点がすぐに解消されれば、「ああ、ごめん。マニュアル読めてなかったわ」「私の勘違いだった」などと、お客様からお詫びをいただくケースもあります。

ここで、人材紹介の営業をしていたときの私のケースをご紹介しましょう。

お客様　「転職してきた人が、入社初日から休んで出てこない。インフルエンザにかかって、休むといってるんだよ。本当かな？　初日に休むかな？　そういう場合、返金してもらえないの？」

私　「ご心配をおかけいたしまして、誠に申し訳ございません。入社後1カ月～3カ月以内で返金の制度も設けさせていただいておりますので、ご安心くださいませ。ひとまずは、1週間くらい様子をご覧いただいて、また気になるようなことがあれば、すぐにご連絡をいただければ幸いでございます」

このように、まずはお客様の事情を真摯に聞きましょう。

なお、こうしたお客様から出された疑問点や不安は、社内で共有しておくことが鉄則です。そうしておけば、同じような問題が起きたときに、すぐに対応できますからね。

必ず上司や関係者に報告することを習慣にしておきましょう。

一生使える 72

# 「売れる営業」はお客様からの〝応援され力〟が違う

同じことをお願いしたのに、それを聞き入れてもらいやすい営業マンと、そうでない営業マンがいます。

**その違いは何かというとズバリ、言葉の使い方にあります。**

たとえば、トップ営業は次のような有無をいわさない一方的、強制的なトークは絶対にしません。

× 「弊社の締日が9月30日でございますので、それまでに書類をお送りいただけますようお願いいたします」

同じシーンでも、トップ営業だったら、次のようなトークをすることでしょう。

○ 「○○様、お忙しいなか大変お手数をおかけいたしますが、9月30日までに書類の

「ご返送のほど、何とぞお取り計らいいただけますと幸いでございます」

お願いする内容は同じなのにもかかわらず、ずいぶん印象が違いますよね。
ポイントは、まずはお客様に手間をとらせることへの配慮のフレーズを入れたうえで、いつも以上に丁寧な言葉づかいをしているところにあります。
私は、このような言葉のことを**「お願いフレーズ」**と呼んでいるのですが、これをたくさんもっておくと、いざというときにとても役に立ちます。

**【ここぞというときの丁寧なお願いフレーズ例】**

- 「教えていただけますか？」→「ご教示いただけましたら幸いでございます」
- 「見ておいてください」→「ご高覧くださいませ」
- 「○○してください」→「○○していただけるとありがたく存じます」
- 「よろしくお願いします」→「何とぞよろしくお願い申し上げます」

品よくお願いできる営業マンは、お客様から協力してもらえる**「応援され力」**のもち主でもあるのです。

一生使える 73

# 「恥ずかしながら〜」は、まさに自分の恥をさらすだけのトーク

あなたは、クレームとまではいかないながらも、既存のお客様から難しい質問や要望などを投げかけられた際に、**「恥ずかしながら〜」**というフレーズを使うことはありませんか？

たしかに、話すときの態度によっては、謙虚に聞こえるかもしれません。

しかし、厳しいことをいうようですが、自分ができないことに対して安易に「恥ずかしながら〜」というトークに逃げ込むことは、文字どおり自分の恥をさらす行為にほかなりません。

まさに、「私やわが社の至らない点を許してください！」と頼んでいるのに等しいということです。

× 「恥ずかしながら、私もこの商品を使ったことはないものですから〜」

× 「恥ずかしながら、私もまだ1年目の若輩者でございますので〜」

×「恥ずかしながら、御社の業界には明るくないものですから～」

こんなことをいわれたお客様は、「自助努力が足りない」「経験のない営業マンをあてがわれた」「軽く見られた」などとガッカリされることでしょう。

そもそも「恥ずかしながら～」の後に続く言葉はたいていの場合、言い訳に過ぎません。たとえ営業マンのほうにはそのつもりがなくても、です。

お客様が聞きたいのは営業マンの言い訳ではなく、**「何ができるか」**ということです。

そう、未熟さや至らなさは、努力と工夫でカバーしましょう。

新人であれば、一生懸命、商品知識を身につけたり、先輩に失敗や成功事例を聞いてケーススタディを用意したり、ロールプレイングをするなど、1日も早く一人前になる努力をするのです。

手っ取り早い「恥ずかしながら～」に逃げることなく、つねに「いま、自分に足りないものは何か？」を考え、その弱点を克服していくような営業マンになりましょう。

そうした努力は、きっとお客様にも伝わるはずです。

一生使える

74

# 「返品したい」といわれたとき、最初にするべきことは？

契約後、しばらくしてから「返品します」とお客様にいわれたら、あなたはどうしますか？

まさか「申し訳ございません。では、当社に着払いでお送りいただいてもよろしいでしょうか？　すぐに新しい商品をお送りさせていただきます」などと安請け合いをするトークをしていないでしょうか？

早合点してはいけません。しかるべき対応をするのは、**「事情を聞いてから」**です。

まず、必ず「返品が必要かどうか」を見極めるトークをすることが大切です。

なぜなら、お客様の要望どおりに返品をしなくても解決することが大いにあるからです。

**【返品を希望された場合のトーク例】**

●「このたびは、ご多忙の折、お手間をおかけいたしまして、誠に恐縮でございます。
ご返品をご希望とのことでございますが、どのようなご状況か、詳しく伺わせていただいてもよろしいでしょうか？」

●「ご購入いただいたのにもかかわらず、ご期待に添えておらず申し訳ございません。うまくいかないと思われたご理由は、どのようなことでございますでしょうか？」

このように丁寧に1つひとつ事情を聞いていけば、「お客様の早合点でうまくいっていなかった」ケースが意外なほど多いことに気づかされます。

だから、営業マンが早合点をしてはいけないのです。

もちろん、「返品する」といっているわけですから、なかには感情的になっているお客様もいることでしょう。

したがって、まずはお手間をおかけしたことに対する感情面へのフォローをするのは当然のことです。

「返品したい！」というお客様の要望に対して安請け合いするのではなく、事情を聞いて、もう少し様子を見ていただけるように促しましょう。

実際、そうすることで、商品のよさがわかるケースは多々あります。

逃げずに、勇気をもって対応しましょう。

一生使える

75

# このトークで、お客様のお誘いを上手に辞退できる

お客様から、「飲みに行きませんか？」「お食事でもどうですか？」などと誘われ、対応に困ったことがある営業マンもいるでしょう。

どう対応するのがいいのでしょうか？

たとえば、気乗りがしない場合でも、ストレートに「興味ないです」と伝えるわけにはいきませんよね。

そんなときは、次のようなトークで、お客様のプライドを傷つけないよう、上手に切り抜けましょう。

**【お客様からのお誘いを辞退するトーク例】**

- 「大変嬉しいお誘いをいただき、ありがとうございます！　○○様にお誘いいただくなんて本当に光栄です！　せっかくなので、ぜひご一緒したいのですが、すごく残念なことに次の予定が入っておりまして。またの機会によろしくお願いします！」

ポイントは、間髪入れずに、「〇〇さんからお誘いいただけるなんて、予想すらしていなかった！」というリアクションから入ることと、しっかりとお礼をいうこと。

断るにしても、後味が悪くならないよう最大限に配慮をしましょう。

もちろん、大事な取引先から何度も夜の席に誘われるなど、ときにはどうしても断れない場合もありますよね。

そんなときは、こうしてみてはいかがでしょう？

**【夜の席に誘われた際のトーク例】**

- 「いま流行のランチミーティングでご一緒させていただいてもよろしいでしょうか？」
- 「上司もご一緒したいと申しておりますので、ぜひ日程調整をさせてください！」

どうしても夜の席が嫌な場合は、ランチミーティングを提案したり、１人で抱え込まずに周りを巻き込むなど、方法はいくつか考えられます。

あなたなりに、ストレスなくお客様とのおつき合いを深める工夫をしてみてください。

一生使える 76

# 「取り急ぎメール」を出す営業マンにリピートや紹介は生まれない

お客様へのメール返信の際に、使いやすい表現でもある**「取り急ぎ到着のご連絡まで」「取り急ぎ用件のみにて失礼いたします」**などというフレーズを使っている営業マンは多いことでしょう。

でも、これはお客様を**「とても寂しい気分」**にさせてしまうことがあるので注意が必要です。

なぜなら、このフレーズからは「私はいま忙しいから、必要最低限の対応にさせてください」という負のオーラがプンプン漂ってくるから。

トップ営業は、つねに忙しいもの。

しかし、お客様へのメール1つをとっても、決して寂しい思いはさせません。

**【時間があまりないときの返信メール例】**

● 「お忙しいなか、○○の件につきまして、ご連絡をいただきまして誠にありがとうございます。詳細を確認いたしましてから、あらためてご連絡させていただきますので、何とぞよろしくお願いいたします。○○様、いつもありがとうございます。蒸し暑い日が続いておりますので、熱中症には十分お気をつけくださいませ」

●「○○様、いつもありがとうございます。○○の件につきまして、ご多忙の折、ご郵送くださいましてありがとうございます。本日、たしかに到着の確認をいたしましたので、ご連絡させていただきます。また○○様にお目にかかれますことを楽しみにしております。朝晩は冷えますので、お風邪など召されませんようご自愛くださいませ」

このように、トップ営業ほど、ちょっとしたメールにも**「私はいつもお客様のことを思っていますよ」**という温かいメッセージを端々に散りばめるのです。

返信作成にかける時間自体は、先の「取り急ぎメール」と数分レベルの違い。そのわずかな時間をかけるか否かで、リピート率や紹介率に歴然とした差が出てしまうことにもつながるのです。

「取り急ぎ～」という表現を封印して、たとえ短い内容であったとしても、温かみのあるメールをお客様に届けられる、人間味あふれる魅力的な営業マンになりましょう。

一生使える 77

# 「メールでは丁寧さ30%増量のトークを展開するべし」

メールは大変便利なツールです。

ただし、いつでも送ったり、受け取ったりすることができる反面、**「微妙なニュアンスが伝わりにくい」「すべて後に残ってしまう」**という落とし穴もあります。

だからこそ、丁寧さを失わないことが大原則になってきます。

新規のお客様へのメールはもちろんのこと、既存のお客様に対しても、とくに重要な案件やクレーム対応などでは、何かあった際の**「物的証拠」**になってしまう恐れが十分にあるので、送る前に上司に確認を仰ぐぐらいの細心の注意を払いましょう。

もちろん、ふだんのメールも気安く考えてはいけません。

先にもお話ししたように、一番大切なのは**「丁寧さ」**。これに勝るものはありません。

丁寧さとは、1つはお客様にとってわかりやすいかどうか。

もう1つは、お客様にとって心地のいいものになっているかどうか。

この2つがポイントです。

**【お客様の心に残るメール例】**

①（タイトル）御見積書の件につきまして／プラウド山本です
タイトルから何の用件かということと、だれからなのかがわかるようにしておきます。

②（本文宛名）株式会社○○　総務課部長　田中恵子様
相手の会社名や名前などは省略せずに、いつも、すべて丁寧に記載しましょう。こういう細部にまでこだわるのがトップ営業です。

③（書き出し）いつも大変お世話になり、ありがとうございます。プラウドの山本でございます。
対面の場合と同様に、メールでも感謝から始まり感謝で終わるのが鉄則です。

④（結びの挨拶）厳しい寒さが続いております。ご多忙の折、お体ご自愛くださいませ。
顔が見えないぶん、お客様を思う気持ちを、最後の一言に心を込めてしたためましょう。季節に応じた内容が書ければいうことなしです。

いまやメールの文面1つで営業マンの印象が決定づけられることもある時代です。丁寧なメールを送ることで、ぜひあなたもお客様からの信頼を勝ち取ってください。

第8章

## 「アフターサービストーク」のエッセンス

◎「どんなときも味方になってくれる」と思われるような営業マンを目指しましょう。

◎契約後に不明点の質問をされたら、丁寧に対応し、最優先で問題を解決するのが鉄則です。

◎お客様に品よくお願いできるフレーズを身につければ、自然と「応援され力」が高まります。

◎手っ取り早い「恥ずかしながら～」というフレーズに逃げ込むのはやめましょう。

◎「返品したい」といわれたときにまずするべきなのは、しっかりと事情を聞くことです。

◎お客様からのお誘いを断るときは、プライドを傷つけないよう、細心の配慮が必要です。

◎「取り急ぎメール」ではなく、短い内容でも温かみのあるメールを届けましょう。

◎一に丁寧、二に丁寧、三四がなくて五に丁寧。それがお客様に出すメールの鉄則です。

第9章

# いつの間にか「ファン」になってもらえる！

## ――クレーム対応トーク

「クレーム対応ほど嫌なものはない」と嘆く営業マンの姿をよく見かけます。

しかし、トップ営業は違います。クレームを嫌がるどころか、むしろ歓迎するのです。

なぜなら、彼らはクレーム対応をきっかけとして、お客様がさらに優良顧客になったという経験を何度もしているから。この章では、私が長年の体験からつかんだ「クレーム客」を「ファン客」に変えるトークの秘訣をお教えすることにしましょう。

一生使える

78

# いいにくいことをいわなければいけないときの切り出しトーク

お客様からクレームをいわれてしまった……。

もちろん、営業マンとして、そのまま放置しておくわけにはいきません。

この難局を上手に乗り切れるかどうかで、その後も関係を継続できるかどうかが決まるといっても過言ではありませんからね。

しかし、クレーム対応の場面では、お客様にいいにくいことをいわなければいけないことがあるのも事実。

とはいえ、ストレートにいいたいことをいってしまっては、お客様のプライドを傷つけかねません。

その意味では、最初の**「切り出しトーク」**がとても重要です。

これをうまくできれば、お客様の印象も大きく変えることができるでしょう。


**【いいにくいことをいわなければならないときの切り出しトーク例】**

●「僭越ながら～」
●「えらそうなことは決していえる立場ではございませんが～」
●「私の記憶違いでございましたら誠に申し訳ないのですが～」
●「私も勘違いしそうになったのですが～」
●「差し支えございませんようでしたら～」
●「おっしゃるご趣旨は重々承知のうえでのご提案でございますが～」
●「何とぞ事情をご賢察のうえ～」

自分がいいたいことをいう前に、必ずここにあげたような**「枕詞」**をつけることがポイントです。

これをつけるだけで、その後に続く言葉の印象がずいぶんやわらかいものになるはずです。

私自身、お客様のクレームに対応するときは、必ずこのような枕詞を使ったうえで、本題に入るようにしていました。

そのときどきのシチュエーションに応じて、上手に切り抜けるフレーズを身につけて、営業マンとしてさらに成長しましょう。

一生使える

79

# 「〇〇さんのおっしゃることはわかります。ただ～」はNG。正解は？

「〇〇さんのおっしゃることは、わかります。ただ、私どもとしましても精いっぱい対応させていただいておりました」

お客様からのクレームに対し、丁寧に説明したHさん。ところが、「君の『ただ』っていう言い方に腹が立ってしかたがない」と、お客様をさらに怒らせる結果に……。

じつは、これは多くの営業マンが使っている話法で**「イエスバット話法」**と呼ばれているものです。

「はい、〇〇様のご意見、よくわかります。でも、こういうことも考えられます」

私も以前は、このような表現をしていましたが、お客様の反応はよくありませんでした。

なぜでしょうか？

本来、人というのは、前半よりも後半に話された言葉のほうが耳に残るものです。

つまり、いくら前半ではお客様の意見を肯定していても、直後に「でも」といわれることで、結果として否定されたような気がするからなのです。

では、どうすればいいのか？

**【お客様のクレームを受けて自分の意見を述べる際のトーク例】**

- 「たしかに、○○様がそうおっしゃるのも、ムリのないことです。他には、こういう原因も考えられますが、いかがでしょうか？」
- 「私もそう思います。さらには、こういう場合にはこんなケースもございます」
- 「そのお考えに私もまったく同感です。私も驚いたのですが、いまのトレンドとしては、こんな考え方もあるようですね」

多少強引ではありますが、この例のように、「でも」「ただ」などといった**「逆接の接続詞」をトークのなかから消してしまう**のです。いっていることは変わらないのにもかかわらず、お客様に話を受け入れてもらえる確率がグンと上がるはずです。

おもしろいもので、相手を否定しない言葉を発していくうちに営業マン自身も前向きになっていきます。

あなたも、否定の言葉や逆接の接続詞を封印してみませんか？　きっと世界がガラリと変わりますよ。

一生使える 80

# クレーム対応で解決するべき問題は2つある

クレーム対応をうまくできていない営業マンには、ある共通点があります。

それは、**「感情の問題」**と**「現実の問題」**の２つをごちゃまぜにして対応しているということ。

まずは、次の例をご覧ください。

お客様　「休会中なのに、どうして会費が引き落とされているんですか？」

営　業　「確認いたしましたところ、引き落としがされておりましたので、返金させていただきます」

お客様　「返せばいいってものじゃないでしょ！　大事なお金のことでしょ？」

営　業　「ええ……。はい……」

お客様　「もういいです！」

「感情の問題」を解決することなく、いきなり「現実の問題」を解決（返金）しようとする……。これでは、お客様が怒るのもムリはありません。

大切なのは、「感情の問題」を解決したうえで、「現実の問題」の解決を図ることです。

お客様　「休会中なのに、どうして会費が引き落とされているんですか？」

営　業　「ご多忙のところ、ご不快な思いをさせてしまいまして誠に申し訳ございません（「感情の問題」の解決）。いまお調べしましたところ、やはり引き落としがされておりましたので、返金のお手続きをさせていただきます（「現実の問題」の解決）。お振り込みまでに少々お時間をいただくことになるかと存じますが、何とぞご了承くださいませ」

お客様　「じゃあ、なるべく早めの振り込みをお願いします」

営　業　「あらためてご連絡させていただきますので、どうぞよろしくお願いいたします。ご連絡いただき、ありがとうございました」

クレーム対応では、真っ先にお客様の感情面へのアプローチが必要であると覚えておけば、いざというときもあわてずにすむでしょう。

一生使える

81

# 自分の誠意がきちんと伝わる謝罪トーク

営業マンも人間です。
注意を払っていても、同じミスを続けてしまうこともあるでしょう。
そんなときこそ、誠意あるお詫びができるかどうかが肝心です。

お客様「こちらからメールで資料を送ったんだけど覚えてないの？　メールが届いたら、返信するようにっていったでしょ？　これで2回目ですよ」
営業「えっ？　私からのメール、届いてませんでした？　おかしいな？」
お客様「……（うそばっかり！）」
営業「送ったはずなんですけどね。じゃ、すぐにもう一度送らせていただきます」

事実がどうであれ、このような対応ではお客様の信頼感を損ねてしまいますよね。
正しい対応は、以下のようになります。

営業　「大変申し訳ございません。かえってお手間をおかけすることになりまして恐れ入ります。たったいま、確認をさせていただきまして、こちらからも返事をさせていただこうとしておりましたところに、○○様から先にご連絡をいただくことになりまして、誠に恐縮でございます」

このケースでいえば、お客様はまず、自身が送ったメールが届いているか、届いていないかが知りたいのです。「たしかに届いております。お返事が遅くなりまして大変失礼いたしました」と素直にいえば、お客様はきっと許してくれるはずです。

以下に、同じミスをしたときのトーク例を紹介したので、参考にしてみてください。

**【同じミスが続いたときの謝罪トーク例】**

- 「ご心配をおかけいたしまして、大変失礼いたしました」
- 「このような不手際、慙愧の念に堪えません」
- 「そのようなご指摘をいただきまして、大変お恥ずかしい限りでございます」

自分に非があるときは、決して言い訳することなく、誠意をもってお詫びしましょう。

一生使える 82

# 「クッション言葉」＋「依頼形」で臨もう

私が営業マネジャーになった頃、クレームの電話にひたすら謝り続けているメンバーがいました。なんと「申し訳ございません」を言い続けること30分。

このメンバーのように「申し訳ございません」だけでクレーム対応をすると、お客様に延々と謝罪をし続けることになります。

では、どうすればいいのでしょう？

そんなときには**「クッション言葉」**と**「依頼形」**を使うことをおすすめします。

たとえば、以下のような感じです。

お客様　「WEBサイトの個人ページに、エラーが出てログインできないんだけど？」

営　業　「ご多忙のところ、お手数をおかけしまして、大変申し訳ございません。2、3お伺いさせていただいてもよろしいでしょうか？　お手数をおかけしますが、IDかパスワードに誤りがございませんか、ご確認いただいてもよろしいでしょうか？」

お客様　「間違ってませんけど」

営　業　「ありがとうございます。よくございますのが、小文字を大文字にされているケースなのですが、いかがでしょうか？」

お客様　「あっ。最初が大文字になってました！　ありがとうございます」

このように、「お手数をおかけしますが」などのクッション言葉を入れたうえで、「〜よろしいでしょうか？」などの依頼形を使ってお願いすれば、お客様もこちらの話を受け入れてくれやすくなります。

**【「クッション言葉」＋「依頼形」のトーク例】**

- 「恐れ入りますが、〜のように操作していただいてもよろしいでしょうか？」
- 「お手数ですが、○○の詳細をお聞かせいただいてもよろしいでしょうか？」

日頃から意識して、このトークを練習してみてください。最初は難しく感じるかもしれませんが、使い慣れると、自然にいえるようになりますよ。

一生使える

83

# この一言を口にすると、お客様との溝は永遠に埋まらない

お客様が誤解をしているとき、営業マンとしてどのように対応するのがいいでしょうか？

お客様 「電話しても何で折り返してくれないんですか！　私のことが嫌いだから、避けているんですか？」

営　業 「誤解です！　考えすぎです！　偶然です！」

お客様 「私が悪くとっているといいたいんですか？」

この例のように「それはないですよ」「それは誤解です」などというトークは、百害あって一利なし。必ず火に油を注ぐ結果に発展します。

とくに「誤解です」というフレーズは、よほど親しい間柄でもない限り控えましょう。

「私が間違っているといいたいの？」と思われてもしかたがありません。

お客様が誤解しているときは、次のように対応するといいでしょう。

お客様　「電話しても何で折り返してくれないんですか！　私のことが嫌いだから、避けているんですか？」

営　業　「私にとって○○様は、とても大切なお客様です。本来ならこちらからご連絡をしなければならないところ、ご連絡をいただきまして大変失礼いたしました。そのようなお気持ちにさせてしまいましたことに、心よりお詫び申し上げます。二度とこのようなことがないよう気をつけてまいりますので、今後とも、おつき合いいただけますよう、何とぞよろしくお願いいたします」

誤解させてしまっているわけですから、まずは、溝を埋めるためにも、**「お客様をとても大切に思っています」**という言葉から入ることが大切です。

もちろん、いくら上手にトークをしたと思っていても、電話では万全ではないことも多々あります。

そのような場合は、すぐにお客様のところへ足を運ぶことも検討しましょう。

一生使える

84

# 「クレーム客」が「ファン客」に変わる黄金の5ステップ

営業マンにとって、クレーム対応はどうしても避けられないものです。

幸いなことに私の場合、以下の5つのステップを編み出してからは、クレーム対応が怖くなくなりました。それどころか、「ますます山本さんのファンになった」などといってくださるお客様もいるほどです。

さっそく、ご紹介することにしましょう。

**【お客様の怒りをしずめ、ファンを生み出すクレーム対応5つのステップ】**

**ステップ1　お客様の怒りや、感情面に「共感」する**

- 「○○様のおっしゃるとおりでございます」
- 「○○様のお気持ちは本当によくわかります」

↓

**ステップ2　感情面へ「お詫び・謝罪」する（全面謝罪ではなく、部分謝罪が基本）**

●「ご不快な思いをさせてしまいまして、誠に申し訳ございません」
●「ご期待をしていただいたにもかかわらず、大変失礼いたしました」
↓
**ステップ3「聴く」ことでクレームの根本理由・問題点などの事実を確認する**
●「どのようなご状況か、詳しくお伺いさせていただいてもよろしいでしょうか？」
↓
**ステップ4　問題に対する「代替案・解決策」を冷静に提示する**
●「それでは、すぐに代替商品をご自宅にお届けさせていただきます」
●「あらためて、弊社のサービスマンより、ご訪問のご連絡をさせていただきます」
↓
**ステップ5「感謝・お礼」の気持ちを伝える**
●「いいにくいことを教えていただきましたことに、心よりお礼申し上げます」
●「お忙しいなか、貴重なご意見を賜りまして、誠にありがとうございました」

クレームの正体とは、まさにお客様からの**「期待の表れ」**。
このことをしっかり認識し、前向きな気持ちでクレームに対応していきましょう。

第9章
# 「クレーム対応トーク」のエッセンス

◎いいにくいことをいわなければならないときには「枕詞」をつけることがポイントです。
◎クレーム対応では、「逆接の接続詞」をトークのなかから消してしまいましょう。
◎クレーム対応成功の秘訣は、真っ先に「感情の問題」の解決に努めるところにあります。
◎同じミスが続いたときには、言い訳することなく、誠意のある謝罪トークをしましょう。
◎「クッション言葉」+「依頼形」を使うと、お客様に受け入れてもらいやすくなります。
◎誤解を解くときは「お客様を大切に思っています」という言葉から入ることが大切です。
◎5つのステップを身につけて、「クレーム客」を「ファン客」に変えましょう。

第10章

# 「売れ続ける営業」は皆、やっている！

## ――社内の人を味方につけるトーク

営業マンは、お客様とだけうまくやっていればいいのではありません。いくら数字を上げたところで、社内の人の協力がなければ、たとえ一時的に「売れる営業」にはなれたとしても、「売れ続ける営業」になることは不可能です。実際、「売れ続ける営業」は社内の仲間の心を瞬時に開き、彼らの信頼を一気に集める力をもっています。営業マンとして飛躍するために必要不可欠な「社内の人を味方につけるトーク」の引き出しを増やしましょう。

一生使える

85

# 「頼みごとをするときには、この言い方が効果的」

駆け出しの頃の私は、何とかして営業成績を上げようと躍起になっていました。

とはいえ、何ごとも1人でできることには限界があります。

営業の仕事も同じ。いや、営業という仕事ほど、社内スタッフの協力・応援が必要なものはないといっても過言ではありません。

プレゼンの資料づくりや不在のときの電話対応……。

いろいろな場面で、社内スタッフに頼みごとをすることがあるでしょう。

あなたはそんなとき、どんな頼み方をしていますか?

まさか「○○の資料のデータ、△日までに必要だから揃えておいて」などといった不躾な頼み方はしていませんよね。

これでは、社内スタッフも気持ちよく手伝おうという気にならないのは当然です。

その点、「売れる営業」は違います。

**【社内の人に頼みごとをするときのトーク例】**

- 「○○さんもお忙しいなか、いつもムリなお願いを聞いていただいて、ありがとうございます」
- 「○○さんのフォローなしには、決してうまくいきません。恐縮ですが、どうぞお力をお貸しください」
- 「△△について、○○さんの右に出る人はいません。ぜひ○○さんのお知恵をお借りしたいと思いまして」
- 「この前、○○さんにつくっていただいた資料には本当に助けられました！　お手間をとらせますが、今度は△△の資料をお願いいたします」

このように**「あなたでなくてはならない」**という言葉を、トークのなかに織り込んでいるのです。

当然のことですが、こういわれた社内スタッフは**「自己重要感」**が満たされ、**「よし、期待以上の仕事をしてやろう」**という気になります。

そう、「売れる営業」は「頼み上手」でもあるのです。

あなたもぜひ、参考にしてみてください。

一生使える

86

# 社内の人から嫌われる営業マンに共通する口癖

会社員時代、いつも営業アシスタントの人と衝突する営業マンがいました。

たとえば、「期日まで時間がないけど、大丈夫?」と聞かれれば、「それはわかっています」とやり返す。

「先方にプッシュしたほうがいいんじゃないの?」というアドバイスには、「やっていますから」と返事をする。

その営業マンの口癖は、**「わかっています」「やっています」「知っています」**というものでした。

営業アシスタントにすれば、よかれと思っていってていること。

それなのに、こんな返し方をされれば、気分のいいものではありませんよね。

かくして、この営業マンは社内で厄介者扱いをされることに……。

そんなことにならないためにも、配慮をプラスアルファしたトークを展開させて、社内の人から上手に協力をとりつけることができる営業マンになりましょう。

**【社内の人へ事情説明をするときのトーク例】**

●「もう少し日程をいただけるよう、クライアントに再三お願いをしてみたのですが、稟議のため、難しいようです。○○さんには、お手数をおかけいたしますが、何とぞお取り計らいいただきますよう、よろしくお願いいたします」

●「ご指摘ありがとうございます。クライアントにもお伝えしておりますが、もう一度、やんわりと私から伝えてみます。それでも時間がかかるようでしたら、お忙しいとは思いますが、何とぞご協力のほど、よろしくお願いいたします」

このように、自分が困っているときこそ、いま自分が置かれている状況や事情を率直に社内の人に伝えるのです。

そうすれば、**「そんな状況だったんだ。だったら、こうすればいいかもしれない」「山本が困っているのもムリはないな。何とかしてあげなきゃ」**という具合に、力を貸してくれようとしてくれる人が出てくるはずです。

「自分は悪くない」「知っている」などと1人よがりなトークになることだけは避けたいものです。

一生使える

87

# 「売れ続ける営業」は上司の使い方がうまい

営業をしていくうえで、社内の人の協力は不可欠だといいました。

では、上司はどうでしょう？

結論からいうと、上司を巻き込むのに遠慮は無用です。

実際、上司を味方につけられれば、難しいお客様もスイスイ攻略していけるでしょう。

その際のトークは、次のとおりです。

**【上司への依頼トーク例】**

●「お忙しいのは重々承知のうえなのですが、ぜひ取引したいと考えている企業様がありまして、○○課長にお力添えいただき、ご同行願いたいと思っているのですが、よろしいでしょうか？」

●「○○課長を、ぜひ重要クライアントの▲▲企業様にご紹介したいと思っております！　年末年始のご挨拶に一緒に同行していただいてもよろしいでしょうか？」

●「今後、もっと力を入れて、おつき合いしたいと注力しております▲▲企業様の件でございますが、先方のキーマンである部長様をご紹介いただけないかとご相談をしております。その突破口を開くために、ぜひ○○部長のお力を借りたいと思っておりますので、ぜひよろしくお願いいたします！」

このように、ただ単に「同行をお願いします」と依頼するのではなく、トークをひと工夫すれば、上司に「よしっ、一緒に行ってやろう！」と思わせることができるでしょう。

一般的には、上司というと「営業マンを管理する人」「営業マンを使う人」と考えている営業マンが多いようです。

たしかに、組織の論理からいうと、そうした面もありますが、場合によっては上司を**「難易度の高い新境地を切り開く、運命共同体のようなもの」**と捉えてもいい、と私は考えています。

もちろん、1人でチャレンジすることも重要です。

でも、限られた時間のなかで、たくさんのお客様に満足していただける営業活動を実現するためには、自分以外の人の力が必要な場面も出てくるでしょう。

そう、すべてはお客様のためなのです。臆さず、上司の力を借りましょう。

一生使える 88

# 「社内の人にお土産を渡すときには、この一言を添えよう」

出先でおいしい食べ物を見つけた……。

そんなとき、社内の人にお土産として買って帰るなどということがありますよね。

その際、あなたは何といって渡していますか？

「○○さん、いつもサポートしてくださって、ありがとうございます！　出先でおいしそうな▲▲を見つけたので、○○さんのお口に合うかなと思いまして……」

いかがですか？

これはこれで悪くはないのですが、その人だけに対して個人的に差し上げるトークになると、その部署の他の方への配慮がもう１つ足りない気がしますよね。


【社内でお土産を渡す際のトーク例】
● 「よろしければ、皆さんで召し上がってください！　数は足りますでしょうか？」
● 「出先でいただいておいしかったので、ぜひ皆さんで召し上がってください！」

●「○○さんをはじめ、皆さんにはいつも大変お世話になっております。ほんの気持ちですが、いつものお礼です。休憩時間などの際にでも、どうぞ皆さんでお召し上がりくださいませ」

このように、トークのなかに**「皆さん」**というフレーズを入れるところがポイントです。

また、細かいことですが、社内といえども、１つひとつが個別包装になっているほうが、他の方へも渡しやすく好まれる傾向にあります。

ロールケーキのような、包丁で切ったうえでお皿を出さなければいけないものは、なるべく避けるのが相手への配慮です。

賞味期限が短いものや、日持ちが短い冷蔵品や生ものも、相手によけいな気を遣わせることになるので避けましょう。

また、お客様からいただいたお土産は、**「△△社の○○さんからお土産をいただきましたので、どうぞ」**などといって、真っ先に社内の人たちに渡しましょう。

あなたにお土産をくれたお客様に対する認知度や好感度を高めることにもつながります。

当然、その後の仕事も進めやすくなることでしょう。

一生使える
89

# 「売れ続ける営業」は「あなたと一緒に仕事ができて幸せ」といわれている

「売れ続ける営業」には、ある共通点があります。

ズバリ、**「あなたと一緒に仕事ができて、とても幸せ」**と社内の他のメンバーから思われている——。

裏を返せば、一匹狼的な「営業成績さえ上げればいい」という人では、決して「売れ続ける営業」にはなれないということです。

お客様だけではなく、社内の人に対しても**「相手視点」**をもっているから、周囲から慕われ、「売れ続ける営業」になれるのです。

実際、「売れ続ける営業」は、社外のお客様だけでなく、社内の人に対するコミュニケーションも、とても爽やかで、気持ちがいいものです。

**【社内の人への好感が高まるトーク例】**

● 「○○さん！ 今月は（数字が）何とかなりそうなので、手伝えることがあれば、何でもおっしゃってくださいね！」
●「○○さんのおかげで、●社の契約をいただくことができました！　ぜひ、今度は私にお手伝いさせてください！」
●「○○課長、今月のチームの数字はいかがでしょうか？　私にできることがあれば、おっしゃってください！」
●「この情報は、○○さんのクライアントに役立つ情報だと思うので、よろしければ使ってください！」

このように「自分さえ目標を達成すればいいんだ」という狭い領域から飛び出した、ワンランク上の視点でコミュニケーションを図っていきます。

さらには、自分がもっている情報や知識を惜しむことなく公開することで、後輩たちの成長を促すようにもしています。

**社外ではお客様のよき未来や幸せを応援し、社内では他のメンバーの幸せや成長に携わっている——**。

そんな人だからこそ、真の「売れ続ける営業」になれるのです。

第10章
## 「社内の人を味方につけるトーク」のエッセンス

◎頼みごとをするときには「あなたでなくてはならない」をトークに織り交ぜましょう。
◎「わかっています」「やっています」では、決して社内の人の支持は得られません。
◎上司を味方につけて、たくさんのお客様に満足していただける営業活動を実現しましょう。
◎お土産を渡すときのトーク1つで、社内の人からの印象は一気に変わります。
◎社内の人への好感度が高まるトークを身につけて、真の「売れ続ける営業」になりましょう。

おわりに

# いまこそ、あなたならではの「営業トーク」を身につけよう

最後までお読みいただきまして、ありがとうございます。

口下手で、決して話すのが得意ではない私でも、実際の営業現場で営業トークを試行錯誤したことで、いまではトップ営業といわれるまでになることができました。

もちろん、その背景には、多くのお客様からいただいたたくさんのご教示やご助力があったことはいうまでもありません。

そのおかげで、営業とは、人と人との間で生まれる貴重なご縁をつなぐ、素晴らしい仕事だということに気がつきました。

**営業の仕事は、本当に奥深いやりがいのあるものです。**

ぜひ、この本で私がお話ししたことを、1つでも2つでもいいので、現場で使ってみてください。

当然のことですが、試していく過程では、うまくいかないこともあるでしょう。

でも、それは失敗ではありません。

うまくいかなかったら、あなたなりに工夫を加えていけばいいのです。


**人生は学びの連続です。**


ぜひ、この本で私がお話ししたことを実践し、さらにあなた自身の新しいアイデアも加えて、あなたならではの「営業トーク」を生み出してください。

そうやってつかんだ「営業トーク」は、営業の世界で結果を残すことはもちろん、あなたの人生をより豊かに、より実りのあるものにしてくれることでしょう。

そう、まさに**「一生使える」**ものになるのです。


最後に、この本を執筆するにあたり、私を支えてくれた家族やスタッフ、これまでお会いした多くのお客様、さらに私の周りのすべての方々に、この場を借りて心よりお礼を申し上げたいと思います。

本当にいつもありがとうございます。

そして、この本をつくるために、温かく励ましてくれた、大和出版の竹下聡さん。

ここまでお力添えいただき、感謝の気持ちでいっぱいです。
本当にありがとうございました。
最後の最後に。
この本を読んでくださったあなた。
またどこかでお目にかかれますことを心より楽しみにしております。

株式会社プラウド　代表取締役社長　山本幸美

個人営業・法人営業の両方でNo.1

一生使《いっしょうつか》える「営業《えいぎょう》トーク」

2016年11月30日　初版発行
2020年2月10日　4刷発行

著　者……山本幸美《やまもとゆきみ》
発行者……大和謙二
発行所……株式会社大和出版
　東京都文京区音羽1-26-11　〒112-0013
　電話　営業部03-5978-8121／編集部03-5978-8131
　http://www.daiwashuppan.com
印刷所……萩原印刷株式会社
製本所……ナショナル製本協同組合


ISBN978-4-8047-1828-6